MARRIAGE

婚姻里，
你孤独吗？

LONELY

羽茜 著

民主与建设出版社
·北京·

©民主与建设出版社，2019

图书在版编目（CIP）数据

婚姻里，你孤独吗？ / 羽茜著. -- 北京：民主与
建设出版社，2019.10
ISBN 978-7-5139-2579-2

Ⅰ.①婚… Ⅱ.①羽… Ⅲ.①婚姻—通俗读物 Ⅳ.
①C913.13-49

中国版本图书馆CIP数据核字（2019）第155937号
外版书版权登记号 01-2019-4777

婚姻里，你孤独吗？
HUNYINLI，NIGUDUMA

出 版 人	李声笑	
著　　者	羽茜	
责任编辑	程　旭	
封面设计	异一设计	
出版发行	民主与建设出版社有限责任公司	
电　　话	（010）59417747　59419778	
社　　址	北京市海淀区西三环中路10号望海楼E座7层	
邮　　编	100142	
印　　刷	北京彩虹伟业印刷有限公司	
版　　次	2019年10月第1版	
印　　次	2019年10月第1次印刷	
开　　本	880毫米×1280毫米　　1/32	
印　　张	8	
字　　数	157千字	
书　　号	ISBN 978-7-5139-2579-2	
定　　价	48.00元	

注：如有印、装质量问题，请与出版社联系。

前　言

婚姻的困难，
体现了爱总是知易行难的一面

写这本书的起点，是我在第一本书里的一篇文章《关于爱情》。我在描述成为母亲之后，和丈夫的感情产生什么变化时，突然有感而发地写下："在你很孤单的时候，他也很孤单。"

后来我就时常会想，那种孤单对很多女人来说，都是一种震撼教育，因为我们都在不知不觉中相信，只要婚前睁大眼睛，选择一个"对的人"，现在流行的说法就是找一个"神队友"，婚姻就应该从此一帆风顺，无论快乐悲伤，都有一个人陪着你。

这种想象却在有了孩子之后打破，母亲是一个非常繁重却又被视为理所当然的角色，在我遭遇困难的时候，丈夫好像活在另一个世界里。

被孤独感淹没让我觉得非常悲哀，所以我也曾经有一段时间，总是跟未婚的朋友说："别结婚比较好，没有人比自己更懂得照顾自己，特别是女性，结婚只会增加更多的包袱。"

但说实话那不是一个令人快乐的想法，而是有些自伤自怜地表达已婚女性的困境：在婚姻里时常感到进退维谷，却不能像恋爱时分手那样轻易地转身离开。

我们负担的责任和义务变得很多，不是只有为自己，也必须为孩子、家庭做出正确的选择，这让我们更容易感到焦虑，如果出现某些冲突就表示彼此不是对的人，那我们又能如何呢？每个人都有能力做到说走就走的同时兼顾到孩子吗？

但是"对的人"究竟是什么意思呢？什么情况表示对方已经错得离谱？换个角度去想，我们只懂得用自己的方式去爱对方，用自己的理想去期望对方，就一定是对方"对的人"吗？

有时候我想我们很害怕进一步思考这些问题，所以在网络上被大家分享转发的文章中，讨论恋爱的总是比讨论婚姻的深刻很多。关于婚姻的种种看法有时非常简化，不是说某些人因为懂得经营生活情趣而过得非常幸福，就是一些"要互相体谅"的老生常谈。

"要是有那么简单就好了，就是做不到互相体谅才会苦恼啊。"我总是这样想着。

在婚姻里，我们不像恋爱时那样认真分析彼此，恋爱中的人总是不停地想要互相表达，这些表达有时非常深刻，会不断触及自己内心真正的阴影、需求，还有愿望。但是进入婚姻，光是讨论日常事务的分工、家用该怎么规划、性生活的频率……这些看似表面而不触及内心的事情，就足以让我们筋疲力竭。

尤其是有了孩子之后，我们都会陷入自己的成见，习惯用"爸爸/妈妈不就是应该要这样吗？"来要求彼此，却很少把对方看成一个"角色外的人"，一个不只有这些角色剧本的人。

在婚姻里我们经常有不被爱的感觉，也会有怀疑自己是否依然爱着对方的心情，但我们很少进一步去深思这种感觉，而是让自己因忙碌而分心。因为我们真的很害怕，如果事情比我们想象中的还要糟糕，那这段婚姻以及因这个婚姻而建立起来的家庭又该何去何从。

缺乏沟通会让人觉得孤独，只在表面上打转的沟通，又会让人误以为只要分工和谐就是幸福。但很多分工和谐的夫妇，彼此都认可对方是好爸爸或好妈妈，却还是会被一种缺乏爱情的感受所困扰，觉得和对方的交流总是言不及义，有种真实的自己并未获得接纳的失落感。

我没有办法对各种问题给出解答，也怀疑是否真的有对应的答案存在。只是在自己遭遇这些问题，思考这些问题的时候，发现了思考和分析，对理解这些困境有多么重要。我觉得我们必须承认——孤独，是生而为人自然会有的一种感受，这种感受在进入婚姻后会比单身时还要强烈，因为我们怀抱错误的期待，以为两个人在一起，总是比一个人"不那么孤独"。

事实是，有一个人可以期待，对方却让自己失望的时候，那种孤独感可能更甚于自己单独面对一切的时候，人的孤独感时常会被不如期待的亲密关系所强化，也永远不可能彻底消除。

只是当我体会过无数次疲倦于和对方沟通，好希望对方能够"懂我"，不要再对我有那么多要求的时刻之后，我却开始觉得那不可能彻底消失的孤独，其实无碍于我们在婚姻里，实现爱与被爱的可能。

不是因为我终于豁达到目空一切，对别人能做到"不期不待没有伤害"，而是因为我不断地思考，明白了这份孤独感其来有自，不是来自对方，而是来自自己。

这样说来这本书其实是我进入婚姻这几年（虽然还相对资浅），对每个孤独时刻的体会和反思，**"面对自己"是比质疑对方更优先的功课，因为我们必须知道自己究竟为什么会有这样的感受，才有可能向对方做出正确的表达。**

要了解自己就必须回溯成长过程中遭遇的每一件事、所受到的教育和暗示，我们并不像想象中那样很懂自己，却认为自己都没什么问题，在这种不自觉的自我美化下，婚姻的磨合会变成只在于对方是否能够理解自己，还有如何能够改变对方。

自知之明为什么重要，是因为经历过理解自己的过程，诚实面对自己是一个有故事、有阴影、有缺陷的人之后，才有办法用同样公平的态度去理解对方的故事，做出适当的回应。

一味地忍让或一味地要求都是不对的，让自己的心理活动只停留在表面也是一种遗憾和可惜，婚姻里发生的各种事情都是探索自我的机会，因为婚姻本身就是一种人生阶段的转换，随着这种转换会有很多角色附加上来，挑战一个人如何在接下这么多剧本之后，还能活得像真实的自己。

结了婚之后我发现很难跟别人解释什么是婚姻幸福，然而即使是婚前，**我所定义的幸福也有些抽象而且更贴近大众。**

但我对这件事情逐渐发展出属于我个人的诠释，我认为的幸福，就是知道真实的自己受到接纳，也有能力去接纳他人。

那就是一个家真正该有的感觉，不是有一个遮风避雨的屋檐就能够定义，对我来说那种幸福感超越了爱情的怦然心动，在婚姻里要对一个朝夕相处的人心动太难，但对于对方和自己能够彼此理解、也愿意彼此承担的时刻，会有另一种不同的感动。

对方原本是非亲非故的人，却能和自己如此接近，尽管接近并不是变得完全一致也不是心心相印，却已经是各种人际关系里最亲密的距离。

我现在已经不会轻易地对别人说，结婚是好或不好。因为无论单身或结婚，每一种选择的好与坏，都看做选择的人如何去实践自己的选择。

人永远都会感到孤独，在不同的状态下，孤独感会因为不同的事情而加深，我们能够做的只有诚实面对自己的内心，勇敢地承担自己，还有对方。

婚姻不是爱情修成正果的一种象征，而是新的开始和旧的阶段的结束，在这种关系中我们挥去了恋爱时自动罩下的粉红色迷雾，有了更深刻检视自己和对方的可能。

问题在于我们虽然不像过去那样盲目，相信双方在一起就是天作之合，但是在相处最需要智慧的时候，我们又不够聪明，总是把焦点放在难以改变的另一半，而不是应该先去面对自己的内心。

经营婚姻比经营相对单纯的爱情困难多了，这也不单单只是因为婚姻是两个家庭的结合，即使如此，婚姻的幸福还是值得我们努力的理由，只是这一切付出，不能保证努力了就会有回报。

在许多人都说婚姻的特色就是"没有爱情"，追求相爱的感觉就不应该结婚的时候，我却觉得**婚姻的困难正体现了爱总是知易行难的一面，如同诗人里尔克所说的："一个人爱另一个人，是我们被赋予的最艰难的任务。"**

我只能以文字做纪录，但愿不论未来如何，我不会忘却自己曾经这样努力，想要了解真实的自己和对方。对我来说，那是爱的基础，没有什么幸福感，比克服互不理解的困境之后，觉得又向彼此靠近一步的感觉更珍贵。

我将这份纪录与大家分享，也希望当中总有某些片段，能让你想起自己也曾经有过类似的感受，每个人都有各自不同却并非完全不能彼此理解的困难，就是这种偶然交会时互放的光亮，能够暂时抚慰内心永远无法消解的孤独。

目 录 | CONTENTS

|第 1 章|
倾听他人的温柔

　　总是要经历过一些事情才懂，懂自己当时其实不懂的事，甚至很多事情现在也不懂。我开始明白，没有经历过的都是想象。

二十几岁的时候，有几个三十几岁的朋友，那时我们聊天，我都用一种"我想我懂"的方式回应。不管是育儿教养、婆媳关系，还是职场生活，每一件事我都有自己的看法，我也觉得自己发表的看法对别人是最有帮助的。

当然那时也会听到朋友说"等你有小孩就懂了""等你结婚就懂了""等你遇到就懂了"诸如此类的回应，但我依然把那看成一种"我可以想象所以理解"，而不是自己尚未体验所以其实距离很远的东西。

我不知道自己是用想象力在理解这个世界，当然也不知道自己的回应——那些"我觉得你……""你为什么不……"的建议，其实只证明了我们生活经验的差距（就算自认为出于好意），我根本不曾体会过朋友那进退两难的无奈，才会坚持认为"有志者事竟成"。

没有伤人的意图，但有些说法可能很刺耳，朋友没有说我自以为是，只说"你以后就懂"，可能就是因为视我为朋友，而且是小朋友，所以自然地选择包容吧。

我能够知道那是包容，是因为自己也到这个阶段了。

跟年轻朋友聊天，会知道她们的想象还很多，我说自己身不

由己，她们只会觉得我还不够全力拼搏。

心情不好，或者是听关系不够亲密的朋友这么说，会有被贬低的感觉，我觉得她们明明不了解，为什么说话时把自己当成过来人；但是心情不差时，或者听交情比较好的朋友这么说，即使是同样的话也会有不同的感受，会很羡慕她们的乐观自信，没有经历过的事情却能相信自己可以。那就是青春，因为身在夹缝中的经验有限，一切关系都还有"离开的自由"，甚至连远离原生家庭也是可以被接受的事，在这种情况下对自己有极大的信心，所以人们才会说："青春无敌"。

相信自己可以做得更好，无论是伴侣的选择还是关系的经营，甚至是婆媳问题或工作与家庭的平衡，看到别人的经验不会对未来感到不安，而是相信"虽然大家都那么说，但是我不会那样"，那种自信虽然有时听起来刺耳，但是对于拥有这种自信的当事人来说，却不是不好的锋芒。每个人都要有这样的阶段，甚至是过了那样的阶段，还是有人会相信事情可以不一样，事情才会有转变的契机。

只是当我的角色改变，开始经历当时朋友曾说的那些事情，有时会对自己当时的"自以为"感到羞愧。朋友用苦笑包容了我，我很想让她知道，**我现在懂了那是包容。**

她在自己还想要诉说的时候，选择了倾听，我感觉她在地上我在天上，因为年轻，我的想法还属于天马行空。

不是每一件事情都会像过来人说的那样悲观，如果真的如此，人生就没有乐观的理由，但是当时朋友说有难处，跑来找我喝咖啡说是"换气"，然后我们一起逛街，这让我庆幸自己还算有真正的"做过什么"而不只是"说了什么"。

说话是一件简单的事情，也会把事情说得简单，朋友哭泣时我曾经不知所措，不知道该说什么好，但现在觉得，自己做对的只有那段沉默。

一个人向你说她心里的难处时，因为你们没有真实地易地而处，没有机会交换角色，你或许不能理解或认同她的为难，但也不应该急着说"我觉得"，而是应倾听她说她究竟感觉到什么。

总是要经历过一些事情才懂，懂自己当时其实不懂的事，甚至很多事情现在也不懂。我开始明白，没有经历过的都是想象。

和青春的乐观相比，我有时觉得年纪渐长是一种失去信心的过程，不再觉得事情一定可以克服，而是比较容易胆怯，但是相对来说，我失去了那种不知从何而来的信心之后，剩下的信心虽少却比较踏实，因为那些信心的根据，是自己确实曾经经历过的生活，不管是挫折、失败，还是不上不下没有突破。

然而相对于自己的经验，还是有太多不知道和未曾体会过的事情，我却不想再做出"听得懂"的样子，而是想坦率地承认：很多事情我不懂，因为我没有经历过。

年轻时想做能给人正确意见的朋友，现在想来，多少还是因为希望被认为聪慧，被认为"有帮助"并且比实际年龄成熟，我现在的年纪太过强调自己"不年轻了"也有点过头，但毕竟比当时年长，不再青春无敌，却终于知道自己在这世界上确实还是小朋友，太多事情要学，也有太多事情未曾体会。

每次体会或经历了什么，发现和自己想得不一样时就会察觉自己过去的傲慢，那种不知不觉的傲慢影响了原本可以做到的同理心和体贴，就觉得也许人总是要经历一些失败和不如意，才能发展出理解他人的能力。

年纪到了更想做一个能够倾听的朋友，不再只是等待接话的空档而是真正保持沉默，这时我所想的"每个人都有各自的难处"才是我真实的想法，过去我只是口头上这么说，其实还是不懂别人的为难。

理解他人跟理解自己，都是一辈子的功课，往往是理解了他人的时候，了悟了自己的笨拙。

但是在知道之后，原谅别人也原谅自己，因为我们都是独立的个体，有各自的成长阶段，自然也会有不能互相理解的时候。

就像夐虹的一首诗：

关切是问而有时关切是不问

倘若一无消息

如沉船后

静静的海面

其实

也是静静的

记得

　　我们对别人的好不一定要说很多，有时候，能够不问不说，才有倾听别人的温柔。

|第 2 章|

因为相爱而结婚吗？

每个人结婚的动机都不同，而影响最深远的，可能
是那些自己也不明白的。

在以前，单亲家庭还没那么多时，我一个朋友的父亲早早离开了家，离开的理由是因为和母亲感情不睦，我那朋友的母亲个性强硬、蛮横又霸道，她付出的代价是婚姻失和，一个人含辛茹苦地抚养四个孩子长大。

从以前到现在，我不知道听说多少次那个朋友为了母亲的控制欲感到痛苦，反而很少提到单亲对他的影响，一直到结婚时他找了个和母亲几乎是一个模子印出来的对象，我们才感到惊讶，忍不住问他究竟是怎么想的。

不是最受不了这样的人吗？独立、事业有成的人，好不容易有一点点脱离母亲控制的空间，怎么会又跳进另一个火坑里？

他只是淡淡地说："她会变的，她答应我很多事情不会再那样了。"

而我们旁观者毕竟对她没有那样的感情，所以也不信任她真的会变，只是想着或许是爱情使人变得盲目，可以忽略"人不是轻易可以改变的"——那么显而易见的事实。

他们婚后几年有了两个孩子，他像一个避风港那样尽力保护儿女不受到妻子的蛮横所伤，就算轻描淡写也可以知道那绝对不容易，加上妻子和母亲的个性几乎如出一辙，两个强势的女人冲突起来，一个家好像动不动就火山爆发。

但是，他依然坚持维护这段婚姻，对于母亲和妻子努力地两面讨好，我们看他那么辛苦总忍不住说："你离婚，自己带孩子不是比较好吗？"毕竟那种剑拔弩张的气氛，对孩子的成长也未必有好处。

或许是因为大家在喝酒吧，一点点微醺解开了他内心的束缚，他突然很激动地说："我不要，我爸爸就是这样离开我们的，我绝对不要跟他一样。"然后他告诉我们他从小因为这件事情吃了多少苦。

在那时我突然懂了，**每个人结婚，都有爱情以外的理由。**

他不是因为很爱对方而结婚的，当然也不一定不爱，只是说他不找其他相处起来更为轻松，婚后也能有助于家庭气氛更和谐的女性作为对象，是因为他想重建成长过程中，那个因父亲离去而深受创伤的家庭。

无论和妻子的关系再怎么令人疲惫，甚至是波及他的儿女，而这一次他要证明自己会完全不同，这次他要扮演孩子们最坚强的依靠，绝对不把孩子留在风暴里。

非常客观、保持距离地思考这个目标的话，很多人一定会觉得如果只是想要"不重蹈覆辙"，一开始就选择与母亲性格截然不同的女性结婚不是更好吗？为什么不选择轻松的道路，而是要创造一个和父亲当年类似的困境，然后在里面苦苦搏斗呢？

我想那就是对父亲的恨吧！

当然也可能是因为爱，现在的我已经懂了，**恨是一种因爱而起的执着**，因为对父亲有这样复杂的情感，选择开启一样的故事，是为了向那个早就不知道消失在哪里，三十多年却从未离开他内心的父亲做出证明。

"这一次故事的结局会不一样，因为我不像你，我绝对不会放弃自己的孩子，再苦，我也会坚持住自己对家庭的选择。"

人类是非常、非常复杂的动物，不像生物界那样只受本能驱使，生物会选择对繁衍有益的对象，对活下去有帮助，换言之，就是想让自己活得更好，但人类却不是。

虽然其他动物也会有心灵创伤，人类却可能是用最不可思议的方式去面对创伤，其他动物会避免遭遇同样的伤害，人却有可能无意识地想要复制过去。

如果不是和当年父亲一样的处境，那就是逃避，不算是成功地克服，也不能向父亲证明，自己和他不一样。

他想证明自己和父亲是不同的，这个愿望，好像在不知不觉中，已经凌驾于他对一个幸福家庭的向往了。而他自己却未必知道。

我对这件事情印象之深，不只是因为他的态度坚决，还因为他是男性，这件事情又关乎婚姻的选择。

常见的复制悲剧的故事，往往是在说女生是怎么样一次又一次选择对自己始乱终弃的男人，眼见父母因外遇而失和，还是一边说着"我痛恨小三"，一边陷入和已婚男的不伦恋情。

因为这些常见的情节被当成复制童年的典型，故事主角又都是女性，还让人以为男人就不会这么感情用事，会很精明地避免同样的问题。

但事实却并非如此。与性别无关，每个人都有可能受到自己也不那么清楚知道的动机所驱动，在其他事情上聪明敏锐，却会在婚姻和感情的选择上，有意识或无意识地放弃平凡和简单的幸福，实现自己的**执着**。

我们真的知道自己结婚的动机吗？真的知道自己为什么选择这个人吗？世界上有那么多人，每个人都有可爱和可恨的一面，为什么偏偏对其他人毫无感觉，就是非某人不可？

我从朋友的故事里感觉到人生的神秘，某一种力量让我们往自己也不见得清楚的方向走，只是这样做究竟能不能得到自己想要的幸福，又或者我们旁观者看起来辛苦，在当事人的内心深处，却有种他终于可以实现某个愿望的踏实，虽然做不到对辛苦甘之如饴，却终究是他自己的选择。

想心疼地说他很傻，又觉得谁能说自己绝对不是傻瓜，或许只是乍看之下，自己的选择并不像单纯地复制，究其内在，也一样是个寻求疗愈自己的过程。

每个人，只是自觉的程度不同，受内在力量和过去阴影操控的这件事情，努力地想要克服、用各式各样自己想得到的方式，这个部分或许是一样的。

从那之后我不再轻易地用"为什么不追求简单的幸福"来质疑他人，因为每个人的内心都很复杂，觉得自己可以点醒别人是一种傲慢，而每个人都该拥有做出自己的选择的自由。

我有时候也会想，特别是看着另一半的时候心想：我为什么跟这个人结婚呢？我一直想要的那种幸福，因为没有轻易得到过而一直向往着的那种幸福，我现在得到了吗？如果我说我想要某种东西，我为此付出足够的努力，而努力的方向对了吗？

这种自问是我了解自己的尝试，我将一直问下去。

在婚姻里面，也存在着各种关系

婚姻里两个人建立起来的关系，是深层的了解或不了解，因为即使误解也有可能把两个人紧紧维系在一起，比如误以为自己需要对方的人，就会让自己一直需要对方。

每个人结婚的动机都不一样，有表面的理由，也有不为人知，甚至自己也不明白的原因。

而无论当中有多少是基于误解，对自己以为需要，其实是不需要的人、事物的误解，因为婚姻有其物理性的存在，一旦结婚，就算彼此已经没有心灵上的交流，这个空间、法律形式、作为孩子父母和对方家人的角色，还是可以把两个人绑在一起，做最熟悉的陌生人。

有时候我想陌生人可能好过仇敌，当我们想象婚姻就是一个山洞，最关键的目标只是生存下去时，可以忍受心灵的交流是零，两个人只是单纯地分工合作，就像是一个人负责打猎捕食，一个人负责生火做饭。

但仇敌就不一样了。仇敌是令人怨恨的无法满足自己的人，就算不得已分工合作，内心也想报复对方带来的失望和痛苦。

我曾经无比纳闷的是，为什么有人宁可和自己、和对方的恨意共存，也从不思索其实可以走出这个山洞。**是为了孩子吗？但是当两个人相互争执时，孩子受到的伤害和恐惧，难道不是被很有默契地搁置一旁？**

除去经济的理由，夫妻宁可互相怨怼也不分开，"为了给孩子一个完整的家庭"听起来就是很像托辞，不愿意结束，也不想让对方轻易结束，才更像行为背后的真心。

或许，恨是爱的另一种形式吧。

每当我看见那些徒劳无功地想要改变对方，又因为对方不被改变而心怀怨恨的夫妻时，就觉得这种执着跟疯狂的爱又有何异，就是一定要对方变成你想要的样子，而这世上明明就有那么多人，不用改变就已经符合你的需求。

因为非要对方不可才产生怨恨，不愿意去选择他人而坚持要自己去打造，这就是为什么在山洞里陌生人好过仇敌，陌生人互不干涉，尽管在感情面上空虚，却相对自由和安全。

我始终觉得最好的婚姻关系是朋友关系，而且是非常、非常好的朋友关系。虽然这样的关系似乎非常少见，也有可能，真的做到的人中有许多都是普通人而自觉不值得一提。

但是一些我喜爱的作家，像曾野绫子和三浦朱门、杨绛和钱锺书，在他们的自述里可以看出他们实现了**"互为挚友"**的婚姻关系，又会让我对自己的理想重燃希望。

朋友之间没有恋人那种想要改造对方的控制欲，而是一种支持对方的意愿。我们有时候对某人爱得太深会让我们无法自制地表现出最糟糕的一面，因为太过渴望对方用我们想要的方式共筑爱情。

深刻的友情是一种以尊重为前提的彼此欣赏，即使是不欣赏的地方，也能够因为这份尊重而给予空间，让对方做自己的选择。

有些夫妻走到后来，要对方做什么之前从来不会先询问，比方说希望对方出席聚会，就是直接下达一个指令，理由是"你那天又没有别的事情"，或者是对方为自己做了什么，比如给自己买了一杯饮料，也被视为理所当然而没有一句谢谢，这些事情不会发生在朋友之间。因亲密而视对方的配合和付出为理所当然，其实这就是让夫妻感情变得平淡，产生不愉快，彼此都觉得不被重视的原因。

再好的朋友也会对彼此说谢谢，即使是小事也会询问对方的意愿，看起来夫妻之间这么做好像很麻烦，毕竟生活中的琐事太多，但就是这种习惯，能够提醒自己把对方当成另一个人，也让对方感受到被尊重并且珍惜。

如果把婚姻建立在性与激情上，那种危险的程度就更不用说了。虽然坊间总有一些书强调夫妻之间要努力维持干柴烈火的热情，但肉体关系注定会随着时间变化，当彼此的身体状况改变、热情不再，开始面对衰老和病痛，如果双方不能共同面对，在身体变得不由自主时不再互相扶持，在一起的理由也就消失了。

不知道自己该不该结婚，是因为无法放弃改变对方

一个接近所谓的适婚年龄的朋友问我，不知道自己究竟该不该结婚。虽然已经被男友求婚，她还是可以提出无数个说服自己不该跟对方结婚的理由，但若是不结，她也可以提出无数个非结不可的理由。

主要还是因为男友虽然有结婚的意愿，却不是她认为对的人，虽然对他有爱情，对其他异性都没有那样的感觉，但理性上又觉得"两个人不适合"，所以踌躇不前。

我想这就是现代人的困境吧！

爱情已经被认为是婚姻的基础，因而不可能考虑跟没有爱情的对象结婚，但有爱情的对象却未必是适合结婚的人，为了让自己跟符合理想又彼此相爱的对象在一起，课题就会变成"究竟该如何改造对方"。

不去改造别人是因为不爱别人，但是被以这样的方式爱着，因而被要求改变的人，可不会对此怀有感激之情。对方也可以说"我觉得你根本就是不爱我，才不接受我原本的样子"，总之相

恋数年的情侣走到后来，在开始讨论婚事时，就会陷入"爱情究竟是什么"的大疑问。

是不够爱他所以不能接受他不理想的地方吗？是爱得不够盲目吧！但是要自己盲目一点又做不到，因为一旦结婚实在是牵连甚广，渴望自己控制自己生活的人，无法想象每件事情都要起争执，和对方争论谁该让步。

现代人谈爱却又爱得不如飞蛾扑火执着，**没办法聪明地选择爱的对象，却在爱上之后变得聪明而且机警**，对于对方可能会降低自己生活质量、不断惹自己生气、生活习惯产生的摩擦都可以预期，那"究竟为什么要结婚"这个问题就又会浮现，在心里不断地纠缠自己。

"想跟这个人在一起"是一个愿望，"想要理想的生活"又是另一个愿望，两个愿望时常互相冲突，作为已婚者的我先是劝，觉得还是不要跟不理想的对象结婚，但日子久了眼看她也几乎无法再爱上别人，想法也逐渐改变了。

我开始觉得最痛苦的不是结，也不是不结，而是无法下定决心，就这么耗着，最后无论结或不结都像是被人逼的，而无法感受到那是"自己的选择"。

人不是为爱傻一次，就是为了生活而聪明，就算已婚者难免也会觉得，跟能够过着理想生活的对象结婚会比较好，但也可以想象如果不是选择自己认为爱的对象，和"不爱，但好像各方面都适合"的人在一起，恐怕一辈子心里都会感到遗憾。

问题是在于**既然要结婚就要放弃改变对方的想法**。虽然人们总会想，磨合到彼此适合的状态再结婚才最为理想，但实际上有的人就是无法去磨合，如果坚持和爱上但不合适的人结婚，就要有一种觉悟，这段婚姻不可能成功地改变对方成为相爱又合适的人，不过是成全自己盲目的爱情。

　　怎么做都会后悔。老实说，但也不是别人的运气就比自己好太多，遇到的对象都是既相爱又合适。我总觉得那些给人这种感受的夫妻只是知道婚姻和谐的秘诀："要好好地在一起，就别妄想改变对方。"

　　能够改变的只有自己的心态，说欣赏太难，至少让自己对对方的缺点变得可以接受，和那些"不完美"和平相处。

　　人没有办法一次满足两个愿望，总是在决定两个愿望要占多少的比重，是想成全对这个人的爱，还是更想要过自己理想的生活。人可以拥有的只有这两个选择，而没有一个选项是"成功地改变对方"。

婚姻的维系，本来就不同于爱情

　　许多婚姻发展到最后，不是变成陌生人就是仇敌，让人纳闷究竟人为什么要结婚。

也有些人因此强调，婚姻制度最早只是为了传宗接代，现代人想要在婚姻里实现那么多愿望，原本就是"错的"。

也有人，在我看来是更无聊的，他们用和其他生物的比较来批评婚姻制度是多么不切实际，特别强调那些自然界的雄性动物，不是一夫多妻，就是拥有充分的性自由。

那丢掉手机、汽车，脱掉衣服重回自然界打猎不就行了吗？人类社会里，本来就有许多不符合生物天性的东西。

在学了社会学之后，我知道每个时代、每个社会，都会对事情赋予不同的意义和理由，而现代社会强调个人主义，所以人们选择结婚或不婚，至少在表面上或自我认知上，都是为了自己。

结婚不为传宗接代，人活着也不是为了家族或名誉，一切都是为了个人幸福，然而在每个人都说"一定要幸福"的时候，**每个人想要的幸福其实都不一样。**

对于结婚的双方来说，重点可能是彼此的搭配不需要符合普遍的幸福定义，只要双方都觉得满意，就是难得的幸福。

当我们有越来越多的朋友进入婚姻，已婚者的小圈圈聊起天来，就越来越有一言难尽，却又仿佛一切尽在不言中的感觉。

对于别人的婚姻关系是脆弱或强悍，这样的婚姻是幸福还是不幸，不再那么轻易地做出结论，我想这是经历过婚姻的人才有的体会。

要非常喜欢对方才会幸福吗？太过喜欢，可能会无法接受对方在婚后发生改变，对对方不是那么喜爱，只是下定决心要在一起的人，却有可能做到包容对方。

单身时，我们多半只认同因爱情而在一起的观点，想象没有爱情的婚姻时，就觉得世界上没有比那更恐怖的事情。但是结婚却会让人深刻地体会到，婚姻的维系，本来就不同于爱情。

爱情是比婚姻脆弱的，因为双方可能只在爱情上有所连结，一旦其中一方的爱情消失，双方的关系就失去意义。

但是婚姻却是从各个层面将两个人绑在一起，所以会有各式各样让人无法轻易脱离的理由。很多婚姻发展到后来，有没有爱情根本就不重要了。

为什么跟这个人结婚，旁人的解读总会跟当事人不一样，而当事人的选择，又可能跟他自己说的也不一样。总之，**让别人理解并不重要，重要的是在做出选择时，人必须尽力了解自己。**

就像有的人会一再原谅出轨的丈夫，每次都说这样的痛苦"绝对是最后一次"，但也认为丈夫一次次的回头，就表示"自己还是最好的"，这种诠释强化了她的忍耐力，也让丈夫的罪恶感逐渐减少。

同样的行为也有人绝对不会原谅，只要一条暧昧的短信就可能导致离婚，因为在某些人的认知里，真爱必须是极端的纯洁，而没有得到这样洁白无瑕、毫无污点的爱，就是对自己最严重的贬抑。

了解自己，知道自己为什么这么做，是最重要的，就算说自己是爱的太傻才这样，我觉得也是一种觉悟。**但很多人说不出自己是因为爱情还是因为其他什么，反而让每个选择都变得像是别**

无选择而随波逐流，那是最易让人感到后悔的。

婚姻里不能强求改变对方，但两个人的互动就像化学作用，逐渐地，会让双方都被这段关系改变。所以我个人觉得：坚持要做"原原本本的自己"的人，迈入婚姻后一定会感到痛苦。

总之，结婚的理由可能连自己都未必清楚察觉，外人就更难窥其堂奥。

就算能够像美剧《欲望都市》里的四个女主角一样，从年收入到性生活无一不对彼此分享，那些分享也只是表面，我们只能说出那些自己觉得能够说的事情，而每个人的内心世界，有太多放不下的执着和脆弱，依然是不对外开放的秘密。

我们能够看清自己内心的秘密吗？在这个主张"为了自由，生命与爱情皆可抛"的社会，明明知道婚姻就是束缚，依然踏入婚姻，动机是什么？认清自己真实的愿望，虽然不保证就能如愿以偿，**但至少在感到痛苦、面对挑战的时候，会因为知道自己为什么在这里，而多出几分必须要自己承担责任的觉悟吧。**

|第 3 章|

婚姻的真相是一个秘密，只有双方可以共享

一对夫妻无论表面上看起来如何，那些真正决定婚姻关系的质量，让人感到幸福或不幸的事情，如彼此心灵和身体交流的频率和密度，是只有彼此才知道的祕密。

这是我很喜欢的比喻：婚姻是一个山洞，非常狭小而且封闭。

除了当事人以外，包括父母、手足、孩子、朋友，甚至是"第三者"，所有人都在婚姻山洞的外面。

这也是为什么婚姻可以让人感到无比孤独，因为如果同处一个山洞的两个人之间，只有很少或非常浅薄的情感交流，或者是充满憎恨、厌恶、不满等负面情感，因为没有任何其他人可以转移注意力，也没有其他人可以彻底地倾诉，只会让人感觉比单身的时候还要孤独。

单身时的孤独因为被视为理所当然，所以有更强的耐受力。生病时必须自己照顾自己，自己面对生活中各种挫折，因为没有别人可以期待，所以也不会有因为期待落空而导致的失望和痛苦。

已婚者总以为自己拥有一个可以期待的对象，一个会和自己在一起，为彼此遮风避雨的人。当那个人反过来让愿望破灭，否定两个人在一起的意义时，面对那种孤独感和寂寞，就真的无处可逃了。

举个例子来说，许多人都觉得只有在生病时才会感受到单身的痛苦，平日里只要身体还算健康，经济上还过得去，就不会觉得多么痛苦。单身，允许人们把时间和资源投注在自己身上，可以用自己的步调生活而不受他人的限制和束缚。

但是生病时就不一样了，人在身体不由自主时总是特别脆弱，必须自己拖着沉重的病体去挂号看医生，住院也没有人嘘寒问暖，如果是危及生命，让人感到前途茫茫的疾病，人更会觉得平日自己享受的各种自由，不如换成在这时有一个会伸出手来，握住自己发抖双手的人。

但是，最让人感到悲哀的是什么呢？不是原本就没有这个人，而是有这个人，他却不用你期望的方式待你。

在生病时过得宛如单身，没有人照顾也没有人关心，如果说我们踏入婚姻，多少还是期待建立互相扶持的关系，那么在这个时候，就会体会到连单身时都未曾体会过的孤独。

一对夫妻无论表面上看起来如何，在这种没有旁人看见的时候，还能不能给彼此真正的温暖，是仿佛尽义务一样陪对方看几次病、替对方出个医药费就自认是个好伴侣，还是虽然无法分担太多，却努力给予对方真正想要的安慰，对对方有真实的不舍和心疼，这些是只有当事人才知道的秘密。

孩子是距离最近的观众，也是最有可能受到伤害的人

在婚姻这个共同秘密之外，距离最近的是孩子。这也是为什

么一旦父母的婚姻不快乐，孩子几乎都会因此受苦，痛苦的形式则因人而异。

我在尝试书写婚姻时别无选择地要回忆自己的成长过程，父母的争吵让我对"爱究竟是什么"感到困惑，对婚姻的意义也有所怀疑。

我不只一次在他们的婚姻里看到愤怒和恨，但那种放不下也断不掉的执着，又让我思考这或许是爱？但是既然爱有可能在一瞬间转变成恨，那人怎么可能在爱里感到安全？如果爱总是会跟伤害连在一起，那又怎么会是一种值得的追求？

或许我从小就有哲学家性格，一个问题无法解决绝不罢休，但一个问题总是带出另一个问题，问题层层叠叠，当时的我当然不会知道，这些困惑可能用上一辈子也找不到答案。

除了疑惑以外，我心里还有普遍存在于婚姻失和的家庭里，孩子对自我价值的无处着落。**因为只要父母宣称，不分手有很大原因是为了孩子，孩子可能就会觉得自己并不是爱的结晶，而是让自己所爱的两个人，父亲与母亲，必须忍受不愉快婚姻的罪魁祸首。**

如果不是因为自己，父母就可以获得自由。

那么自己的价值究竟何在呢？就看自己能对父母做出多少弥补了。

后来我才知道这种想法非常普遍，郭强生在自传作品《何不认真来悲伤》里也提到，他是在父母已经有离婚念头时，因发现怀孕而让计划失败的孩子。

如果不是自己，父母的人生或许会截然不同，可以终结过去的错误，迎接崭新的未来……**父母很少知道孩子把他们的婚姻，跟自我的价值是这样绑在一起，他们认为自己的婚姻跟孩子的人生是分开的，对于孩子跟自己生活在同一个屋檐下，任何一点风暴都会受到影响的事实视而不见。**

好希望父母能说自己不是错误、不是人生的累赘……我曾经因为母亲说"是因为你，妈妈才得乳腺癌"而伤心不已，后来才有能力转换想法，像是安慰自己那样地想着，或许她这么说，只是因为对于我出生的那年，她在婚姻里受到的委屈始终无法释怀。

作为一个孩子，每当听到父母说起婚姻里的不幸，就会被唤起自己好像不应该出生、出生时间错了、生错性别或者不符期待的各种愧疚，一边对无法单纯爱着自己的父母感到生气，一边却又卯足全力，想要用自己的方式让父母获得补偿。

夫妻关系就是那样直接又强烈地影响到孩子，这让我一度认为孩子是唯一可以知道婚姻真相的人，夫妻在面对外人时都会各有各的说法，避免家丑外扬，也把自己描述成单方面的受害者，但孩子因为距离太近，得以见证许多事情的过程与结果。

只是后来我才逐渐明白，孩子看见的也不会是全部，婚姻最终是一个只属于两个人的山洞，孩子就和其他人一样，即使受到风暴波及，也在这段关系的外面。

能够看见的永远是父母让他看见的，这部分会因为父与母的角色扮演而和真相存在距离，亲子关系再怎么亲密，孩子也只能看见部分事实，对于父母婚姻关系中的问题，当然也不可能给出解答。

无奈的是总有人把求助的对象转向孩子，不管是对着孩子抱怨、诉苦，还是明确要求孩子做些什么，**这些努力想让父母快乐起来，还不懂其实自己根本不可能为别人的人生做些什么的孩子，就开始扮演倾听者、陪伴者、心灵支柱……背负起超过他人生经验所能承担的负荷。**

如果人一开始就能承认婚姻中的孤独该有多好，我的意思是，承认并且接受，**婚姻只属于双方，是一种当对方背过身去，自己就无所依赖的关系。**这样一来，或许夫妻会愿意承担起只有自己能承担的责任，知道身旁的人包括孩子，都不能也不应该为自己的婚姻做些什么。

真正的问题总是只有自己和对方可以解决，如果对方没有解决的诚意，也只有自己可以改变自己的想法和处境，不要去徒劳无功地向别人求助或到处埋怨诉苦，那只会让自己更苦，让问题更复杂，甚至还牵连到无辜的孩子。

虽然是对对方有期待才走入婚姻，但是人生总有些时候，是只有自己可以期待的。这是已婚者应该要有的意识。

向外探求，无助于解决内部的问题

婚姻还有一个重要的部分就是性与激情，这个部分尤其会对孩子保密，许多夫妻真正的问题是出于性生活不睦，但这种不和谐扩散到其他地方，对外或面对自己的孩子时，都说是在其他事情上沟通困难。

因为真正的问题总是只有当事人知道，想解决问题，也只有当事人有此能力，但是习惯性地，人们会因为对对方不抱希望、不再信任，或者对对方的困境不感兴趣而将注意力转向，只是不断雕琢自己对外的说法，间歇性地透过各种治标不治本的方式纾解婚姻的压力，外遇就是其中之一。

在日剧《昼颜：午后的人妻》就有这么一段，在家里被丈夫当成花瓶、生儿育女的机器的主妇，通过不断地搞外遇来感受"自己的价值"。想要被某个人重视、被珍惜的想法在婚姻里无法得到，离婚的话又怕失去孩子，还有女性在经济上的弱势……剧中女主明确的台词我已经忘记了，大意是"如果不这么做（外遇），我早就已经崩溃了"。

不只是女人会渴望借助婚外恋爱，让婚内的缺爱获得平衡，也有男人说因为外遇而对妻子感到内疚，反而因此对妻子更好。甚至有来宾在谈话性节目上说："外遇，是婚姻关系的润滑剂。"这类说法和现象，都显现出人们无法在婚姻内解决婚姻问题时，就会转而向外追求满足。

但这真的是解决婚姻问题的良方吗？感受不到另一半的爱，可以用别人的爱来取代吗？又或者跟爱无关，只是肉体快感的追求，这种追求，能持续性地平衡自己婚姻中感受到的匮乏吗？

如果自己单方面的选择用这种方式解决问题，对对方来说，是不是另一种无法弥补的伤害呢？

夫妻之间如果有共识，只要维持表面上的和谐，在外人眼中看来幸福，那么或许还能允许对方私下寻求个人的满足，只要不破坏双方达成的协议。

但问题是很少夫妻是取得共识之后才向外探求，这么一来，这种平衡只不过是暂时的，长久下来，还是会造成更大的灾祸。

婚姻的幸与不幸，都是只有自己和对方知道的，好与坏，都是双方共同的责任。如果只有一方拿出诚意，当然绝对不足以解决问题，但是在彻底对对方死心而要放弃沟通之前，其实通常还有很多或可一试的和对方共同努力的契机。

可惜的是我们往往会被孤独感打败。在说出去的话总是不被对方理解、甚至被对方误解的时候，被那种突然袭来，觉得自己果然还是不应该相信这个人、甚至是不应该结婚的绝望感所打败，于是每个像冬天到来时不可避免的寒冷的低潮，就被人工化变成了永恒。

而那本来是有机会重新再来的事，或许可以挽回的错误，**那些"当时如果知道，或许可以做些什么"的遗憾，也是婚姻里只有当事人才知道的祕密。**

|第4章|

不能接受幻灭的人，不适合结婚

婚姻让两个人在各方面的连结都过分紧密，在太多的权利、义务和期待下，一定会体会到对彼此的失望和愤怒，随之而来的就是幻灭，不管是对对方，还是当初作为结婚理由的爱情。

星期天的早上，心情有些低落，我让丈夫顾孩子，自己躲进房间写文章。透过文字记录下让我心情不好的事情之后，面对着什么都不知道的孩子，还是打起精神一起出去散步。

晒到太阳心情中好的成分提升了百分之三十，吹到风又再提升到百分之六十，一路上心情就从勉强及格恢复到八十分左右，果然在孩子还年幼的时候，一起关在家里是最不明智的选择。

一个早上的忧郁、烦闷、好像随时就要脱口而出的愤怒，就这样因为一些毫无关系的事情，像是阳光、微风、小孩送我的花、父子玩闹的背影而逐渐转好，看着他们，我心里想：啊，这就是生活，生活总有高低起伏，以为会永远持续下去的不快乐，就跟快乐一样并没有永远可言。

可能心情不好的原因跟丈夫和孩子有关，所以脑袋里转个不停的疑问是：女人到底为什么要结婚生孩子？其实结婚的女人往往更理解不结婚的理由（这表示我们其实很难解释自己的行为吗），因为如果可以，想要对某个人的喜欢、信赖、崇拜，甚至是爱，都会长长久久地延续下去。

但婚姻却不是如此。它让两个人在各方面的连结都过分紧密，在太多的权利、义务和期待下，一定会体会到对彼此的失望和愤怒，随之而来的就是幻灭，不管是对对方，还是当初作为结婚理由的爱情。

婚姻就是别无选择的幻灭

幻灭是一种很不好的感受，有的人会尽其所能地避免幻灭。举个例子，有个朋友非常非常喜欢一个偶像，喜欢到无论偶像在何处都会想起他的程度，但她却从未想过要真实地靠近对方，就连见面会也敬谢不敏。问其理由，她说："我不想对他产生幻灭感。"

我其实很理解。想要永远地喜欢下去，就必须控制和对方之间的距离，让自己永远处在"知道，但不是全部"的状态。但婚姻就是取消了这样的空间，让两个人对彼此都知道得太多，所以喜欢和崇拜、对一起生活的各项好感和憧憬，都没有办法长久维持在一个高点。

婚姻会让人看见不够好的自己和不够好的对方，不只是对方令人有幻灭感，自己也一样令人失望，我在结婚之后坦诚地面对自己的内心，才发现自己多么自私，总是希望被对方包容而不是去包容对方，每一次的付出都有忍耐的成分，但我曾经以为自己只要能够为对方付出就会感到满足。婚姻是一面不说谎的镜子，一旦踏入婚姻，就无法一直相信自己很特别，不会再有堕入凡尘的一面。

然而即使婚前就隐约有这种感觉，知道所有的粉红色泡泡都会因此打破，却还是结了婚，有了孩子，度过无数个心情起落的早晨。只在夜晚所有人都睡着的时候，才特别容易忆起一个人的生活是多么平静美好，那时总是觉得自己会不一样，而不需要用任何事件来检验这是否真实。

不该结婚的理由会随着婚龄的增长而越来越清晰，自己为什么结婚生子，动机却依然神秘，仔细想想却又不觉得后悔，难以解释的就是这个不悔，即使觉得一个人还是比较自由自在，却并不想回头去取消这个选择。

或许是因为不想要一辈子没有冒过险吧，不想要一辈子没有经历过幻灭和失望，想知道在那之后还会有什么，想要更了解另一个人还有自己，而不是保持距离地想象或欣赏。

我总觉得人在内心深处可能都有想了解真相的欲望，不管是了解自己还是人生，让我们感到神秘，如飞蛾扑火想要一探究竟的不是性的魅力，而是我们内在的真实。尽管结婚时我们憧憬的不是这些，但只要不停止思索和自省，似乎**没有比跟一个人建立如此亲密的关系，更能够让我们看见自己真正的样子**，承认自己并不那么美好，但最幸福的是在这样的坦诚之后，还是有人能够接受。

接受彼此真实的样貌是一种修炼，要时时提醒自己和对方并没有那么不同，他不体贴，反过来说自己也是不想体贴他才有此抱怨,他因为他的性别在很多地方显得占尽便宜,尤其是在父母角色的对比下,但很多时候,自己也不想要和对方交换。

在幻灭之后我们还能不能包容彼此,还有接受在近距离下不可能保持圆滑的关系,是在婚姻中能否感到幸福的关键。在《爱无能的世代》这本书中,作者米夏埃尔·纳斯特引用德国哲学家韩炳哲(Byung-Chul Han)的话:当今时代的特色是光滑无棱角,爱情也不例外。也就是说为了避免因彼此的性格冲突而造成伤害,所以越来越多的人避免投入过多感情,不再强调忠诚也不作出承诺,就是想让每一段关系都可以轻松地切断,有所接触时也能维持平顺光滑。

看到这段时我想,结婚就是这种逻辑的对立面。粗糙和伤害都无可避免,极近距离的接触会让人跟人之间的差异变得更加明显,哪怕这种差异是原本相互吸引的地方,也会变成生活中无止尽争吵的来源。

我曾经特别害怕感情因为冲突而磨损,总觉得一旦爱情被倒空,婚姻就只是一个关着两个不自由的灵魂的监狱,但几次之后我又发现有些冲突不可避免,感情会因为彼此口不择言的相互攻击而受伤,我们可以选择不要那样的尖锐,却绝对不能坚持表面上的和平。

从未产生冲突就表示没有人说出心里话,长久下来彼此都会在心里怀疑,曾经承诺彼此不相离弃,是不是只是“想要有个人在身边”而做出的虚伪承诺,而不是真实的爱情。

婚姻里面一旦停止对话（当然指的不是"今天吃什么"那种无关痛痒的对话），我们就会开始停止认识对方，甚至会怀疑自己从一开始爱上的就是心中的幻象，而现在爱情的结束，只是因为自己不愿意再次受骗而已。

这种因为缺乏内在交流而导出的一厢情愿的结论，没有给彼此真正了解对方的机会，就跟我们一开始一厢情愿地认为对方是天作之合一样，是擅自的开始，又擅自的结束。

真实的婚姻不能在想象中努力，不能只是在一个人的夜晚流泪或愤怒，当然这样的夜晚确实存在，而是必须要承认没有人在这种距离下，还能建立平顺光滑的关系，两个真实的人之间，注定会有没完没了的不合和冲突。

选择婚姻的人不能抱持着"光滑至上"的当代逻辑，不能够害怕现实的崎岖和坑洞，一个人生活可以维持表面光滑无阻力，但却无法体会到知道自己被另一个人接受的幸福。

回避掉现实的考验，也会无从知道自己究竟有没有能力去接受另一个不完美的人。

真实的自己和真实的对方都不美好，就像婚姻也不能保证美好，美好只是一种个人感受，这种感受还不一定会和另一半同步。但婚姻确实是让人认识真实自我的一个全新起点，在相处发生困难时，无论大事小事都可以探问自己，为什么我会这么想、这么说、有这样的感觉。向内探询而不是向外指责，用真实的自我和对方互动，如果能够跨越性格不同的障碍，共同解决一件事情，彼此相视而笑的成就感也是在别处无法获得的。

再一次地，这么多的"好处"，其实都不是我们当时选择结婚的理由，但既然有种神秘引导我们走上这条路，那么在已婚的时候，就努力把结婚的好处发挥到最大，好好体验婚姻给我们的各种好与不好的感受。想想那就是人生的滋味，好过平顺却缺乏起伏，我想那就是我们面对婚姻时，唯一能有的态度吧。

当时到底为什么结婚，一辈子都处在这个解谜的过程啊！

|第 5 章|
不能称为谎言的谎言

真正的自己能够被对方接受是一件幸福的事，但我们能够决定的，只有自己要用什么态度，付出多少的努力去接受对方的真实。

人们最喜欢闲聊的话题，就是那些婚姻里的谎言，听说谁谁谁被背叛了，哪一对夫妻变得貌合神离了。

但是在茶余饭后拿已婚者的故事当话题的人，很少能够意识到，谎言其实在恋爱的时候更难揭穿。因为谈恋爱时仅仅见到彼此作为恋人的一面，有很少需要共同承担的事情。

加上恋爱时大脑激素的分泌，据说这些化学物质会让人自信心膨胀、丧失客观判断能力，换言之，人们会更倾向于相信自己的判断，所以恋爱中的人只要说："假如是我，我不会……"就可能取信对方，却没有事实可以检验、证明。

但是在结婚之后，可以看到对方如何扮演家人、儿女、父母，两个人必须共同面对人生阶段的变化和随之而来的挑战，一个人究竟像不像自己所描述的、能不能做到自己所曾经承诺的事情，作为夫妻中的一方，其实有机会看得一清二楚。

就像现在几乎每个人都会说自己的生活中男女平等，但是却有那么多夫妻，为了婚后住进婆家、去哪过年而发生争执。**所谓的观念正确就是每个人都知道标准答案是什么，而当真正面临冲突的时候，每个人都只想顺从自己的内心。**

因为这样，我有时候觉得比起观念正确，还不如早点承认自己是哪些地方"就是观念不正确"会比较好。

承认自己对某些事情有偏见、有怪癖、有些事情就是无法公平的看待……如果早一点知道自己有这些部分并且承认，可能在结婚前，就可以跟对方达成真实的共识。

举个例来说吧，到现在认定妻子就是要负责全家人的三餐、替婆婆分忧解劳的男人还是很多的。如果这些人都可以在交往时就开诚布公地说"我觉得老婆就是要负责家里的三餐"，是不是还能找到跟自己有同样想法，或至少愿意这么做的对象呢？

问题就在于这当中有许多人，知道恋爱时这么说会吓跑对方，于是装作对这点毫不在意，到了婚后，才为了妻子不愿意这么做而不断引起冲突。

恋爱时尽可能地诚实，其实是可以降低婚后因意见不同而争吵的风险，然而很少人不会在恋爱时撒谎，尤其会隐藏自己观念不正确的部分，又或者因为缺乏对某件事情的实际体验，在想象中自我美化。

所以，几乎所有人在婚前婚后都会有落差，只是有些人能够睁一只眼闭一只眼，有些人不能。当人们在看清对方是多么地平凡、自私而且现实之后，就面临自己该离去或留下的两难。

决定结婚，就要承担不美好的现实

恋爱中的人总觉得自己很特别，用这样的眼光来看，当然也会觉得对方很特别，婚后才会发现这种特别其实并不存在，在婚姻里，是将王子和公主都打回原形的日常。

揭穿谎言后依然可以感到幸福，或者更正确地说，是经历过谎言无法持续、憧憬破灭、一段无可避免的疼痛和颠簸之后，两个人基于对对方全新的认识，调整好新的方向后再一次感到幸福。

这一次两个人无须撒谎，彼此都可以用真面目面对彼此，我觉得是最踏实的。

然而这很不容易，因为对很多人来说，接受不美好的现实，总是比抓紧美丽的谎言来得困难。

但紧抓着对方曾经说过却无法做到的话，甚至指控对方做不到就是说谎，可能也会唤起对方想要反击的冲动。我们会发现除了真正蓄意的欺骗以外，不管是对方或是自己，在婚前都一样毫无自觉地把想象糅合进现实，于是，婚后当你追究对方"为什么做的跟之前说的不一样"，对方就会反过来追究你。

许多谎言并不是有意的欺骗，只是在现实来临之前，我们都不够了解自己，更无法预测在踏入婚姻之后，面对那些考验，自己会变得怎么样。

我也曾经看过婚前相信自己可以跟对方长辈相处愉快的人，婚后因为无法忍耐与长辈同住而坚持搬家，但是另一半也坚持着"你婚前自己说可以的"而让整件事情毫无转圜余地，于是就处在"你当初骗我""早就告诉过你了"等无止尽的追究和争吵中，没有人做些什么来解决真实的问题。

其实我们只是自以为了解所以高估了自己的能力，因为对婚姻没有实际的经验，而把一切想象得太过简单，同样的事情也可能发生在对方身上，总之，要认定那是欺骗还是没有恶意的自我美化，是自己可以选择的。

这时候又觉得爱得比较盲目的人反而比较快乐，因为傻傻去爱，对于自己所爱的人，对方做什么都可以解释成好。

就算对方没有实践婚前的承诺，也会主动为对方找理由，相信他是不得已而不是一开始就蓄意欺骗，比起不留给对方任何赖皮的余地的人，这样的人，在婚后反而能够过得比较平静而单纯。

毕竟人的行为总是有两个方面：一个是行为本身，一个是对行为的诠释。

要说对方是坏人所以欺骗自己吗？还是视改变为理所当然，觉得对方也没那么坏，并不是存心要自己吃亏吗？

同样的行为被加上两种不同的诠释，对婚姻的影响就截然不同了。

没有所谓客观的事实，有的只是"自由心证"，也有人觉得，什么事情都拿放大镜来检查，指责对方不够努力甚至很坏，恰好是一种"不爱"的证明。

真实的安全感，来自真实的自己被接纳

在婚姻里想要有真实的安全感，有时必须暴露自己内心的脆弱和缺陷，承认自己有很多事情是努力了却做不到的，过程中也会害怕受到对方的指责。

这并不是摆出无赖的姿态对对方说"反正我就是这个样子，我就是这种人"而强迫对方接受，而是寻求对方的理解和接纳，观察对方能不能接受自己有这样的一面，如果不行，要共同努力解决问题。

如果从来不这么做，不去向对方坦承，就很有可能只会得到表面上的和平，而在每次因琐事爆发冲突时，一股脑地宣泄对彼此的不满和失望。

也有些夫妻真的是在年老的时候才接纳彼此，年轻的时候都拼命地想要改变对方，不愿意接受对方"就是这个样子"，或许是年老了，没有和对方僵持的力气，才不得已接受了身边的人。

我很难不去想，这样究竟算不算是一种幸福。婚姻的大多数时间都只有表面上的和平，转头就是互相的抱怨和排斥，并没有

真实的接受。一直到事情已经不可能发生回转，一切都已成定局的最后阶段，人们才接受了"这就是自己选择的伴侣"，停止为过去感到后悔。

但人生好像也就是这样，人总是需要时间学习，而每个人学到一件事情，所需要的时间又各自不同，因而总是会有遗憾和后悔。

比较起来这样的结果还是好过从年轻时争吵到老，直到生命结束都还是一对怨偶，我有时会想，两个人在人生最丰富多彩的阶段花费多少力气去改变对方？既然注定一切都是徒劳无功，**如果当时就把这样的拼劲拿来练习接纳，学习欣赏对方和自己不同，年老时，会不会有更多美好回忆值得回想。**

真正的自己能够被对方接受是一件幸福的事，但我们能够决定的，只有自己要用什么态度，付出多少的努力去接受对方的真实。对方接不接纳我们，反倒是只能尽人事、听天命的事情，有时看着那些年老的夫妻，想象他们曾经用什么方法，承受对对方的期望和失望，有过多少眼泪和欢笑，又花了多少力气去包容彼此。可以知道当中一定有一些人，并没有修过这门课，只是走着走着就走到了白头偕老，内心仍然残留着无法真实交流的遗憾。但一定也有一些人是确实做到了，在恋爱的感情早就随风飘散的时候，两个人变成了相互理解的朋友，在生活中分享各种喜怒哀乐，体会到和恋爱不同，却是细水长流的幸福。

这时就会觉得自己还有如初生之犊，在婚姻这门课当中，高度要求每个学员面对真实的自我，从对方的眼睛里看穿自己，知道了自己并不完美，也学习接纳对方的真实。

我才刚刚开始学习。

|第 6 章|
在婚姻里追求完美，注定会累积失望

　　我也是对婚姻抱有高度期待的现代人之一，却逐渐明白，让我们感到失望和不幸的常常不是现实，而是我们过高的期待。所谓的幸福就像那句老生常谈："不是因为拥有的多，而是因为想要的少。"

以前的人谈结婚就是为了生活，为了男主外女主内的分工，为了共同养育孩子和照顾家人，婚姻制度里有非常多男女不平等的规范，但在对于"平等"毫无概念的时候，女人也会把一切当作自己的宿命。

据说我的奶奶就是如此，年轻的时候在花生田里工作，被当时家里是地主、自小受宠的爷爷看上，就要求我的曾祖母前去提亲。

说是主动去提亲，其实嫁出去的贫穷人家的女儿不会被平等相待。曾祖母不喜欢这个媳妇，在奶奶的嫁妆准备要搬进新房时，故意给下马威不让嫁妆进门，那些对新娘子来说代表娘家祝福的衣柜、用具，就被放在四合院中间的空地上淋雨淋了一夜。

据说奶奶也哭了一夜，之后就遭遇婆婆的各种刁难、丈夫在外面另组家庭、妯娌不和等辛酸，我们都不知道内向安静的奶奶能够向谁诉苦，那些故事，自然也只能随时间消逝。

她只是那个时代的众多女人之一，而在当时，女人的命运几乎全依赖于出生于什么样的家庭、和什么样的人结婚。因为别无选择，所以全是宿命，人在面对宿命时，自然有种不得已的沉默和平静。

爱情是个人主义盛行后的产物，女人也必须达到一定的经济独立，获得个人自由之后才能谈爱情，否则每一段爱情都注定像《安娜·卡列尼娜》里的安娜，发生在婚姻之外，不只被认为悖德，还会遭遇毁灭性的结局。

能够自由恋爱是一件幸运的事，历史上头一回，女人有了选择跟自己喜欢的对象结婚的自由，**奇怪的是，当我们想象传统的婚姻，因为没有爱情而充满了无奈和痛苦时，以爱情为基础的现代婚姻，造成的痛苦和失望也是与传统婚姻不相上下。**

说起来很怪异，都可以跟喜欢的、自己选择的对象结婚了，为什么没有比旧社会的人更满意自己的婚姻，为什么婚姻关系没有变得更稳定，反而是分分合合？爱情究竟是让婚姻更美好的元素，还是与婚姻天生互斥？

自从爱情被视为婚姻的基础之后，现代人就在婚姻里寄托了太多东西了。

人们有太多的愿望想要透过婚姻实现，或者说，人们认为婚姻"应该"要能实现这么多愿望，**现代人想象着婚姻跟其他事情一样，可以透过努力不断地进化提升，所谓的"好，还要更好"**，这种无止尽的追求不只让人对婚姻感到疲累，婚姻根本就无法承载那么多的事实，也会赤裸裸地摊在阳光下。

即使懵懵懂懂地结婚，认为自己深爱对方而结婚，也可能因为婚后发生的各种事情，让一个不了解自己的人突然认清了真实的自己（和对方）。

原来自己根本不想为对方付出那么多，原来所谓的爱对方，只是期望对方实现自己的愿望，爱原本是我们结婚的理由，但是有很多人，结婚并不是准备好付出爱，而是等待着要接受。

爱是包容、忍耐、盼望，这些词汇暗示的是以关系为主体、**为优先**的各种付出，但是现代人谈的爱情却是以个人为主体的，渴望的是"自我实现"，这个非常抽象的愿望暗示的是无休止地追求更好、更理想的自己，于是到了婚后，夫妻都会为了"该以谁为优先"而不断吵架，**很少人有"以关系为优先"的觉悟**，理想的关系，被认为是为了满足个人而存在的。

为这段关系做出妥协、忍耐、包容，这些付出必须是自动自发的，一旦对方提出就会觉得自己是被"爱我就应该……"的说词绑架，这是一种情感勒索，但自己也无法克制向对方提出同样的要求。

对追求个人理想的现代人来说，以关系为主体的爱情无疑是"不理想的"，充满了向现实妥协的痕迹，但以个人为主体的爱情又太过理想化。**能够互不干涉彼此的自由，又能相爱相守甚至结婚，人们只有在想象中才能做到。**

好与坏都是赤裸裸的，爱与恨都是最强烈的，自从现代人把爱情跟婚姻绑在一起，婚姻就承载了太多个人的理想，被看作是实现各种愿望的途径，反而就更容易让人失望了。

许多人表面上说的是"我们"，心里想的是"自己"

过去的人只把婚姻看成分工的形式，纯粹是为了确保下一代能得到抚育，那时透过媒妁之言结婚的两人，对婚姻的期待，或许只有和谐的分工，还有还算合得来的个性。

我曾在秦嗣林的《那个年代，这些惦记》里看过一个动人的真实故事，故事主角是赵清玉，1949年，国民党军队于青岛败退时，她因为没有军眷身份就无法搭船逃往台湾，只好在连长的提议下，在军队中选了一个素昧平生的陌生人结成夫妻。

她是在那个年代少数受过良好教育的女性，竟然就这样嫁了一个不识字的文盲，连对方说的乡下方言也听不懂。撤退至台湾之后，赵清玉考上师专，一路奋斗做到校长，丈夫李仁仓收入微薄，还做过拾荒者。许多和他们一样只是临时凑数的夫妻都离了婚，但他们两个人却相知相惜、彼此呵护着过了一生。

"老天爷在最后一刻指定他当我唯一的亲人，我有什么好挑剔的呢？"在被问到怎么能够接受这样门不当户不对、毫无感情基础的婚姻时，赵清玉是这样回答的。

在选择伴侣时一定精挑细选，唯恐遗漏任何一个潜在风险的线索的现代人眼中，这样的婚姻故事除了浪漫，更多的是不可思议吧。

在那个时代，婚姻的起点全凭缘分，后续的生活则凭个人努力，如果我们也能把自己的想法调整得跟他们一样，或许有百分之九十以上的夫妻都会觉得相当幸福。可惜对婚姻的要求一旦提高就无法重新调整，现代人想要的理想婚姻，是伴侣在心理、身体、经济和社会各方面的需求都要能互相满足，这种愿望就算在理论中也难以实现。

每对夫妻都要面对某一部分的问题、在某项条件上的缺憾，生活上可以互相配合的人可能缺乏激情，而拥有激情的人可能缺乏经济上的安全感。

现在最常出现的一种解释两人不合的理由还包括"对方没有成长"，但这种成长与否的判断无疑是要求对方配合自己成长的步调。提出的一方可以理直气壮地说"我想要的是共同成长的伴侣"，而被提出的一方，则很难避免仿佛被贬低或轻视的羞辱。

成长到底是什么呢？有人觉得对方每天只会上班下班、做家务、顾一下孩子，没办法和自己讨论经营事业和理想，就叫做没有成长。也有人觉得成长是在生活达到一定水平之后，两个人对休闲娱乐要有一样的品味，喜欢看艺术电影的人抱怨另一半只看好莱坞影片，觉得那就是没有成长。也有人觉得成长就是要有更好的互动质量，像是当自己说了一堆，对方只是点头喔了一声，这种话不投机，就有人认为是对方没有成长。

总之，只要在网络的两性讨论区上搜寻关键词，就会发现成长是一个非常主观的字眼，每个人的定义不同，却同样拿来表示对另一半的不满。

成长本来是纯属个人的事，现在却变成是拿来要求另一半的一种说法，甚至成了关系的杀手，在只求平稳度日的人眼中，他们会觉得这是追求变化的人在庸人自扰，但是真的为此烦恼的人，大概也只是用成长两个字，来概括一种说不清道不明，总之觉得对方没有不是自己的期待的感觉吧。

婚姻制度从过去到现在已经有了非常大的转变，主语也在不知不觉中从"丈夫"转变成"我们"，也有许多人表面上说着"我们"心里想的是"自己"，但始终不变的是：天造地设的一对并不存在，没有人天生适合。

所谓的天作之合是不断磨合后的结果，在彼此的妥协和包容下，对那些彼此"不合"的部分，能够达成共识并且坦然接受。

我也是对婚姻抱有高度期待的现代人之一，却逐渐明白，让我们感到失望和不幸的常常不是现实，而是我们过高的期待。所谓的幸福就像那句老生常谈：不是因为拥有的多，而是因为想要的少。

当我们都被培养成不断追求更好的个人主义者，把关系中的妥协都视为退步，这个获得幸福的秘诀在实践上就会越来越困难，我时常这样反省着。

|第 7 章|

在婚姻里，思考自己想要什么样的幸福

　　想要婚姻一直维持和谐的秘诀，想要两个人一直爱下去的秘诀，我曾多少次走进书店、点开网页，不过就是想知道这些。我却发现那是只属于每一个人的秘密，就算有人说自己毫无隐瞒地分享，也不会是全部，更不可能适用于每一个家庭。

婚姻能为安全带来希望，也有最无处可藏的危险性。

有的人结婚不过是想脱离原生家庭，但那不表示后来不会有爱，也有人因为爱而结婚，当爱消失，婚姻依然像是自有生命，又延续了数十年。婚姻的发展总是难以预测，持续再久，也可能一夕破灭。

现代人想象理想的婚姻是以爱情为基础，两个人必须先有爱，才去考虑其他条件。但爱情充其量只是让人想要跟某个人结婚的起点，甚至没有这个基础也不影响许多婚姻的延续存在，**因为已婚并不像"在恋爱"那样至少需要以其中一方的爱作为条件。**

已婚，真的只是一种形式而已。

婚姻不是幸福的保证，尤其与另一个人同处于一个山洞里，会因为出去时该用什么态度面对别人而不断争吵，更会因为只有彼此可以看见的一面，而感到失望或痛苦。

很多结婚多年的人说，现在问他们爱不爱自己的伴侣，实在是说不上来。彼此分工合作了好多年，吵也吵了，当年的浪漫也早就幻灭，"爱"好像是在回忆里才会出现的名词，原本因为有爱才结婚，经过这许多年的相处，反而不知道爱还有没有了。

我总是宁可相信，**就算没有爱，也有一种一路走来，相互感**

激的恩情。

若是连这样的感情都不存在，对我来说，这段婚姻在精神上早就消失了。

婚姻到底能给别人什么呢？或许我写的除了是对自己做一层层的自我探索和揭露以外，可能不会对别人有太多帮助。我所发展出来试图解决自己问题的行动和语言，也可能只适合自己的婚姻关系，对于身处于不同婚姻山洞里的人来说，就像外星语那样无法移植。

或许分享就只是分享吧。像闲话家常那样轻飘飘的没有份量，我在山洞里盘腿坐着的我思和我见，不是能够让别人羡慕或学习的婚姻榜样，不过是不断地观察和尝试理解，而观察的对象是自己和对方。

想要婚姻一直维持和谐的秘诀，想要两个人一直爱下去的秘诀，我曾多少次走进书店、点开网页，不过就是想知道这些。我却发现那是只属于每一个人的秘密，就算有人说自己毫无隐瞒地分享，也不会是全部，更不可能适用于每一个家庭。

什么是让自己想要留在婚姻里的理由？什么会给自己坚持下去的动力？什么情况会想脱离这段关系？什么可以让自己感到幸福？

这么说起来婚姻又跟其他事情一样，虽然总会受到外在条件的牵制，但最重要的，还是要知道自己是什么样的人、想要什么样的幸福。

如果连这点程度的自知都没有，只是看别人觉得很好而结婚，或者懵懵懂懂地只是为结婚而结婚，那就像跳进一个看起来好其实自己不甚了解的公司，在不能轻易离职的情况下，注定要承受"这不是我要的"的痛苦。

关于婚姻该怎么经营的种种问题，往往都很主观，没有标准答案，有的只是一个又一个不同的选择。

我曾经把婚姻区分为幸福和不幸福，深怕自己选择建立的家庭属于不幸的那种。这样的区分就像托尔斯泰讲的："幸福的家庭大致相似，而不幸的家庭各有各的不幸。"

这样看起来，幸福的家庭应该有一个普遍适用于所有人的秘诀吧。

现在的我不这么想了。

我觉得这个分类还是太过简化。幸福与不幸福，在一个家庭、一段婚姻里其实是反复出现的。觉得自己是幸福的，那幸福未必持续到永远；觉得自己是不幸的，那样的不幸，可能很短暂，也可能是某种自己也不知道的，想要扮演牺牲者的自我成全。

在这个强调"活着就是要追求幸福"的社会，我们会以为每个人都像飞蛾扑火一样努力朝幸福趋近，广告总是宣称每个人都想要一样的幸福，现实里却是每个人都扑向不同的火焰。

我甚至觉得有些人似乎有自毁的冲动，选择旁人一看就难以实现的通往幸福的道路，但本人看起来却是那样勇敢而坚决，所谓的不幸，透过个人转化，也变成一种主观上的满足。

在自己选择的对象和婚姻当中，寄托了多少每个人的人生功课，只有自己知道，可能也不那么清楚知道的。

对我个人来说，我的学习是重新认识了自己，如果没有结婚，我一定不会知道自己好像向往又好像排斥婚姻的真正理由，也可能不会知道，我其实有机会改变自己对爱、对婚姻的想法。虽然悲观的人很难彻底转变得乐观，但是把握住一次机会，好像也可以在害怕中继续前行。

我所认为的婚姻幸福，是在只有两个人的山洞里，感觉到真正的自己被另一个人理解和接受，同时，也感觉自己有能力去接受和相信另一个人。至于那种相互的认可有多少是出于错觉，对方可能其实并不理解，不过是勉强接受，又或者一切只是偶然交会时互放的光亮，只要一方的心态改变，就没有办法长长久久，这些我都在乎了。

但我仍然认为那是幸福，就像烟火，有人认为虚幻，也有人认为永恒。

如果一切注定会变，就像现在的我，对婚姻的想法也注定会变，至少就在这个当下，我可以感受到幸福，将来的想法即使会被推翻，我也不想做践踏自己幸福回忆的人。

我希望自己可以承认自己爱过对方，也相信对方爱过自己，如果一切都会在我不知道的时候，以我无法预期的方式产生变化，我希望即使曾经拥有的幸福后来失去了，我也能无悔珍惜当下的幸福。

变化是一切的本质，不能幻想透过结婚或者任何一种其他的形式，让现在的快乐成为永恒。但是在每个变化的当下，都有那个瞬间才能实现的，让自己感到幸福的可能。

对我来说婚姻还是有很多反求诸己的事情，虽然乍看之下是因为对另一个人有所期待才建立这样紧密的关系，但对方会做些什么完全不受我的控制，我总是不由自主地有所期待，并学习接受期待所带来的痛苦。

希望自己是有能力去把握，并且珍惜每一个平凡瞬间的人，在柴米油盐的婚姻中依然能够感动，并且感谢对方的陪伴，直到下一个变化的来临。

|第 8 章|

批判，是因为想要保护自己

　　保持距离的批判是一种保护自己的方式，不会伤害到自己也不需要自我检讨，但是在亲密关系中，距离一旦拉开，孤独感就会不由自主地涌上来。有些时候，双方就会因为那样被渴望听见的孤独，希望是对方来理解自己、包容自己的那份心愿，而不自觉地更加深了彼此批判的力道。

批判一个人是容易的，理解一个人是困难的，因为理解需要放下自己原本的想法，放弃和对方保持距离，让自己去想象、感受、体会对方的处境。我们时常觉得人是互相理解、互相体谅才决定结婚，毕竟没有办法想象跟一个自己不理解的人建立家庭是怎么样的结果，但是也很怪异，无论婚前做到多少程度的理解和体谅，在婚后，变得最容易的反而是批判了。

　　结婚数年，甚至数十年的夫妻都会批判彼此，特别是对于那些跟自己不一样的地方所做的批判，外向的人可能批评内向的另一半生活封闭，反过来也被对方批评"心不在家里""太过爱玩"，舍得花钱的人批评另一半小气吝啬，节俭的一方批评另一半花费无度……婚前我们因为彼此理解，而深信是互补的那些部分，婚后都变成最容易让人想要批评，觉得影响生活而令人反感的地方。

　　对于是互补好还是相似好，我想起曾经看过的一个研究，在《为什么我出门买牛奶，却买了一辆脚踏车回家》一书中，作者引用了关于择偶的研究案例。研究者让女生闻被男性穿过、浸透汗水的上衣，发现在没有任何其他线索的情况下，女生所选择的最有好感的味道，都属于那些和她们自身的免疫系统最能互补强化的对象。

这表示人在择偶时仍然受到生物本能的影响，本能寻找的是互补、彼此强化，用这个角度去想，或许我们会受到和自己不同性格、不同想法的人所吸引，这也是知道自己的处世之道总有偏颇，需要达到某一种新的平衡吧。

但困扰人的是，**我们总是很难专注于那些"互补"所带来的好处，而不断去注意互补所代表的差异**，这些差异强化了人跟一个和自己不同的人亲密相处有多么痛苦，会有多少的意见冲突，我们总是企图把对方拉近，而遗忘了当初吸引我们的就是那些"不同"。

婚后比婚前有更多机会可以理解对方，因为对方也更难隐藏自己的想法和习惯，但这种理解伴随着必须取得共识的压力，当对方和我们不一样，不愿意轻易采纳我们的做法或者做出的回应不如我们的预期时，理解就不会带来互相欣赏，而是互相攻击和批判。

有时候我觉得人会在婚后无意识地避免去理解对方，因为一旦理解，自己就不能置身事外，尤其当对方跟我们距离太近，当两个人相处出现问题，最轻松的方式就是把这些全部归咎于对方的错，而一旦尝试去理解对方，就会看见自己也有责任，这种意识会伤害到人的自我感觉。

最自恋的人总是最不愿意理解对方的人，在对方发脾气、情绪不佳的时候，不愿意去想是不是自己也说了过分的话，而会强调是对方太敏感或太计较、开不起玩笑或没有幽默感等。虽然不是每个事件都是如此，但拒绝理解对方的感受而选择保持距离的批判，其实也是不愿意去理解自己，发觉自己在关系中的"位置"，承认自己在问题中也扮演某种角色的一种心态。

保持距离的批判是一种保护自己的方式，不会伤害到自己也不需要自我检讨，但是在亲密关系中，距离一旦拉开，孤独感就会不由自主地涌上来。有些时候，双方就会因为那样渴望被听见的孤独，希望是对方来理解自己、包容自己的那份心愿，而不自觉地更加深了彼此批判的力道。

所谓的夫妻，就是半斤八两

有个朋友跟我说，在婚前她就觉得对方很难懂。但聊过之后我发现她的意思不是难懂，而是"懂，但是很令人生气"。她告诉我她的丈夫对于这段婚姻充满防备心，所以从筹备婚礼开始，就对开销锱铢必较，对于双方将来的生活用度，也时时把"如果这样分配，以后我们离婚了我不就一无所有"挂在嘴上。

婚后两个人还是时常为了"你怎么那么计较"而吵架，她向我诉苦之后，我忍不住跟她说："其实，我觉得你们挺像的……"说这话的时候我还战战兢兢，毕竟说话时必须考虑到对方的心情。但就因为她丈夫怎么做都使她感到生气，我就忍不住要说出我的感觉。

在共同的开销上，对方因为多花了一点钱而生气，朋友也因为对方这么计较而生气，拿出上一次花费的单据，说你这次多出的一点，还不如我上次多出的一点。然后对方也提出上次的事件，抱怨朋友对婆家的赠礼不如娘家，朋友也反击婆家在自己坐月子时送来的东西不如娘家多，总之每一次吵架都是为了金钱和礼物上的相互往来，双方都觉得自己和自己的原生家庭吃亏了。

有些金额实在太小，两个人却记得非常清楚，这对于数字观念不够好的我来说实在是惊人的好记性，但也就是因为这样的彼此批判，在旁观者看来，他们两人有如对方的镜子，每一项指控其实都可以贴切地应用在双方身上。

不知道是互相影响还是原本就同类相聚，两个都是对钱、对未来保障非常在意的人，凑在一起都觉得对方让自己很没有安全感，因为对方总是斤斤计较，不能谅解自己想要多留一点钱在身边的想法。

这样想来我又觉得批判其实是提供了一个机会，在有批判对方的冲动时，停下来想一想自己是否又能够做到不被批判，很多时候自己受不了的对方的那个缺点，之所以能够敏锐地被辨识出来并且难以忍受，就是因为这个缺点自己也有，才会更希望是对方来包容自己，而不是自己去包容对方。

既然如此，为什么在这部分不是受到彼此的差异所吸引，一个对钱毫无概念一个则算得一清二楚呢？互补的关系不是更为和谐吗？可能也未必。只要夫妻习惯以批判的态度看待对方，金钱观念宽松的另一半也可能让人觉得太挥霍无度了，总之彼此其实是同类的朋友夫妻，这样的结合不能说是老天开的玩笑，在我看来，是内在无意识地选择了和自己有相同缺点的对象，以此作为能否改变自己的一种考验吧。

如果不能辨识出这项考验的对象其实是自己，不能放下对"每一毛钱都必须平均分摊"这种对形式上的"公平"的执着，就会一直为对方所展现出来的和自己一样的固执而感到痛苦。

批判的背后的动机，是想改变对方

一直指责对方"你真的很莫名其妙"的人，真正的心声不是抱怨对方难懂，而是对方为什么不做改变，希望对方放下原本的立场来做出迁就。但是改变另一个人永远都是困难而且障碍重重的任务，夫妻之间一旦想要改变对方，就会换来"那为什么不是你改变"的怒吼，向对方施压的力道越大，对方的反弹也就越大。

日本著名女作家曾野绫子曾经在《为何而爱》一书里写道："在家庭生活中，比起做批判者，重要的是成为支持者。"她在这里举的例子也没有什么特殊的，是关于喝酒。

对于喝完酒会在客人面前毫无形象地呼呼大睡的丈夫，妻子作为支持者，态度不是觉得丢脸而不断数落，而是轻松地对客人说道："这个人，真的是天真烂漫，性情好的人哩！"

虽然看到这里也会觉得纳闷："喝醉酒不是那么值得夸赞的事情吧？"但也可以理解为什么曾野绫子会说"这就是对另一半的支持"。支持并不是为对方做了什么了不起的事，而是在各种生活细节上，对对方的缺陷不以为意，用轻松甚至是正面肯定的态度加以包容。

比较起来，好像这种支持比支持对方去做伟大的事业更加困难，果然最折磨人的不是什么大不了的事情，而是日常生活中，人际之间因为各种鸡毛蒜皮的琐事而产生的冲突。

妻子这样算不算是对丈夫的"盲目支持"呢？但是生活中各种类似这样的事情，又有什么是非常严重、不纠正不改变不行的错误呢？**觉得丈夫的酒品非改不可的妻子，就跟觉得妻子的碎嘴非改不可的丈夫一样，虽然要求对方改进这些影响生活质量的事情无可厚非，但是穷追猛打，因为对方无法改变而不断加重批判力道，也只会让两个人的感情存折越来越薄。**

如果能够睁一只眼闭一只眼，相信对方"虽然某些事情如何如何，却不是一个坏人"这种信任虽然毫无根据，但**很多时候正是盲目的信任，才有资格被称之为爱。**

太过聪明或者凡事都想追求完美，觉得很多事情都表示对方不够好，而自己有指出这项缺点并要求对方改进的义务。这种态度其实是不信任对方，也不欣赏对方，并没有办法带来任何改变，只是一直在向对方传达意在言外的信息：我讨厌这样的你。

这样一来，对方当然也会回报以同样冷漠的批判，告诉你你也有很多缺点，所以他的心情也和你一样。

虽然不是盲目地爱着和信任对方，无条件地支持对方，就能得到对方的回应，但如果自己不付出，就更不用奢望对方会给予。虽然总有人会觉得，只要是对方的错，指责对方并没有什么不对，但是指证错误这种事情谁都能做，婚姻之所以是一种独特的关系，应该还是要建立在彼此的善意和包容上。

理性，是知道何时该对对方温柔

两个人想的是一样的事情，想要被对方理解、包容、欣赏，也想在遇到事情时，不那么费力地沟通而是完全采纳自己的意见，但没有人想给对方这样的优待，相反，大多数人是不断向对方索取，于是两个人就像在拔河，比的是力道，当然不可能轻松。

在关系中渴望被对方呵护的一方，就更抗拒去呵护对方，很多"到底谁有理"的争执都注定各执一词，因为重点不是谁有理，而是指责对方"为什么不听从我"，而那份不被认同的感受，触痛了人的自我感觉。

有时候我觉得伴侣相处，温柔的因素很重要，这种温柔指的不是态度上、行为举止上特意照顾到小细节的那种温柔（虽然那种温柔也很重要），而是一种心态，因为知道对方也有他自己的执着，因此愿意暂时放下自己的那份心意。

这种温柔其实需要内在某种程度的坚强，因为有能力包容他人，所以能做到不坚持自己才是对的、不强调只有自己有理，而是愿意尝试去理解对方的坚持，甚至是去想，或许在对方的坚持背后，是各种害怕受伤的脆弱。

我看过指责伴侣最重的人，是我认为我所认识的人当中，内在最脆弱的人，因为在成长过程中所需要的某一部分的爱从未获得满足，于是无论对方怎么顺从他、照顾他，换言之就是接受控制，他的内心始终觉得不够，总是想要指责对方。

他表面上看起来是自我感觉良好，因为太过良好而不能忍受任何批评，于是时常批评他人才能显示自己是比较好的。即使年岁增长，我们若是理解他那种仿佛在跟一个看不见的父母争取，想要证明"我才是比较好的"以换取被爱的态度，就无法单纯地觉得讨厌，而是觉得可怜甚至替他感到难过。

这种人其实会不断创造自己孤独的困境，因为他往往对他人最不能宽容，所以特别会批判伴侣、拒绝理解对方，让对方也被激怒、被刺伤，产生了"那我也不要体谅你"的心情。

如果没有人愿意向对方靠拢，婚姻就会变成一个牢笼，里面关着两只受伤的动物，彼此咆哮，只在转过身去时默默地舔舐伤口。

其实做一个温柔的人需要十足的理性，理性到可以暂时放下自己的感受去理解别人，而且这种理性又需要一个人的内心真正强大，因为走向对方不只是需要勇气，也要觉悟到可能一切的努力都会徒劳无功。

我们无法帮助一个不理解自己的人理解自己，特别是用批判的方式，但温柔地拥抱对方内心的脆弱，又需要自己在某种程度上已经足够坚强。

我所看过这种既温柔又坚强的人，多半不是在没有受过任何伤害的情况下长大。生长在无风无雨的家庭里的人，有时会发展出一种保持距离的冷漠，因为他们没有受伤的经验，有时无意中说出的话对受伤的人来说，是另一种残酷。

这样想来一个强大到足以疗愈另一半的伴侣实在太过难得，他必须是自己曾经受过伤并且努力复原，在缺爱的情况下学习爱人爱己，只有这样才能够不让自己内在的伤变成刺伤他人的利刃，却又能理解别人内心深处的伤痕。那些对伴侣的批判力道最强的人，都是害怕受伤所以先下手为强的人。

人生中有多少机会找到一个既理性又温柔的人呢？怎么想都太少太少，也没有任何受过伤的人就一定懂得照顾伤者，我总觉得比较能够把握的还是只有自己，提醒自己在批判之前尝试先理解、包容对方，如果觉得确实是需要沟通协调的事情，要采取不带攻击性的沟通方式。

亲密关系中的理性并不是功利计算，不是思考怎么做能付出

最少而获得最多，而是认识到想要获得总是需要先付出，想要被对方理解，就要做一个有能力先放下自己、理解对方的人。

所以，这种理性并不是一般人常说的，那种仿佛不带感情、衡量怎么做才能对自己最为有利的理性，而是能够放下符合自身利益的评判标准，对人世间的事情，追求"合理性"的一种态度。

要求对方做到没有缺点，这是不合理的。对事情的看法或做法都要以自己的判断为唯一正确标准，这也是不合理的。批判总是预设了作为批判者的自己是对的，而被批判者则犯了错，这种审判和惩罚的概念不断被带进亲密关系，夫妻之间的感情会受到破坏也是很自然的。

|第9章|

谈婚姻，怎么可能不谈性生活？

　　夫妻之间真正的危机，不是表面上性生活的有无，而是面对最亲密的人，却无法坦承自己想要什么和不想要什么。无法说出自己感受的人，内心也无法诚实面对，最终因为从来不做沟通而加深误解，引起更多的受伤和失落。

进入婚姻之后，我才明白为什么人们总说"夫妻床头吵架，床尾和"。夫妻吵架又和好的地方为什么是床上而不是餐桌上，总觉得当中有隐约的暗示，性生活是夫妻之间最容易吵架的理由，却也是最方便和好的契机。

只是说是这样说，在现实生活中，要床头吵床尾和真的太难了。我们很难在相处有摩擦的时候还能被对方勾引性趣，或许男人可以但女人似乎不行，据说有些男人把这当作吵架后求和的手段，似乎想透过身体，确保自己依然被对方所接受，但是在吵架后情绪还没有处理好的时候，女性被对方这样要求总是会觉得不可思议，可能也是一种观念上的差异吧。

作为一个有任何问题都在书里找答案的女人，我却好几次面对书店里琳琅满目关于两性相处的书时，感到不知道向谁诉说的困惑。

为什么这些谈两性关系的书，都把焦点放在相处的细节、非常抽象的感情和自尊问题上，对于在婚姻中扮演重要角色的性生活，书中往往只有非常少的段落，内容还可以一言以蔽之：要体谅男人比女人旺盛的性欲？

相关篇幅少，我猜测一部分理由是因为作者多半是女性，要女性去谈性生活就像暴露她们自己的性生活，而这部分对女人来说，总是最想保护的隐私之一。

但是这也会让人有种误解，好像只要感情好，因为感情好而愿意互相体谅，性生活自然就会好。

我们只要努力经营感情，性的问题就会迎刃而解吗？真正遭遇性生活不协调、需求不一致的双方，能用爱包容多少身体上的痛苦？

或者更准确地说，不是多少，而是多久，性生活不协调、不被满足的双方，能够维持这种关系而依然相爱多久？

就算婚姻可以在没有性爱的情况下依然持续，不过不想那样过一辈子的人，还是必须重视性对婚姻的影响。

我在婚后因为怀孕生产和喂母乳，很长一段时间毫无性欲，才发现这件事情从来不像那些两性专家说的那么简单，互相体谅只是四个字，在现实中，体谅是一种能力，自己如果觉得没有被对方体谅，那就不能具备这种能力。

举例来说，女性在哺乳期间被碰到胸部会觉得不适、甚至会有刺痛感，晚上又因为喂奶而起床好多次导致睡眠严重不足，这时候被对方要求"体谅男人有性的需求"，就会觉得那为什么不是对方体谅"全人类都有睡觉的需求"呢？

到底谁应该被体谅得比较多，让性变成容易引发冲突的导火线，我觉得单方面宣传"女性（尤其是妈妈）要体谅男人有性需求"的说法无法解决问题，那些"不满足老公你就后果自负"的网友言论，越是强调"这只是就事论事"，就越像是对女性的压迫。

性很特别，却也没那么特别

在亲密关系里，体谅必须是相互的，如果其中一方提出要求的态度无异于恐吓、勒索，那么即使短暂地获得满足，也会在受迫的一方心里留下伤痕。

两个人想要的东西不会总是一致，也不是只有需求一致的夫妻才能感到幸福，用吃饭来比喻虽然有点不伦不类，但我确实认为，性需求不一致的问题，有时候可以很严重，有时候却也可以想成："在什么情况下，自己明明不饿，还会愿意陪对方吃饭"那样大题小作的情况。

但那还是会牵涉到每个人性观念的差异，对女人来说，还有性道德的束缚。传统上女人应该纯洁，性欲应该较淡薄的观念，让女人不管是在婚前或婚后，都没办法把性看得像吃饭睡觉那么简单，而这种压力不只是让女人束缚自己，对于不理解女人有此压力的男人来说，也是沟通上无形的障碍。

"女人就是先爱后性"，第一个这么说的应该是男人

乍听之下，对性态度较保守、认同性生活只能在婚姻中发生的女人，在原本就是以"限制女性的性"为基础建立起来的婚姻制度下，应该是适得其所。

虽然婚姻制度也规范了男人的性，但是从男人有外遇时常被原谅、被当成"全天下男人都会犯的错"的现象看来，**当大家都认为婚外性行为的诱惑是所有男人都无法抵制的，那罪行也就不构成罪行，不过是本能的呼唤。**

但女人却被认为是社会需求高于性需求的，意思是，比起受性欲牵引，女人被认为更渴望受到社会接纳，当社会对于"好女人"做出的假设是"先爱而后性"，性对女人来说，就有了"没有爱就不应该存在"的前提。

对选择结婚的对象通常有爱所以可以有性，所以好像不是问题，但问题会发生在当"爱与被爱的感觉"来来去去，被柴米油盐和奶瓶尿布的生活所掩饰甚至是推翻，即使是夫妻，性的正当性也还是变得虚无缥缈了。

独自面对育儿生活的辛劳与困难，已经让女人感到"不确定自己是否被爱"，作为母亲又有把全部的爱投注到孩子身上的倾

向，这时丈夫向妻子提出性的需求，就会唤起她从小到大，被整个社会深植在脑海中的性羞耻感。

那种感觉虽然没有明确的名词解释，简单来说就是对性感到羞耻，一个"好女孩"似乎不应该有旺盛的性欲、不应该"为性而爱"，男人对陌生女子感到性兴奋被认为正常，而女人若是被没有感情的对象唤起性欲，会被认为"她应该要为自己感到羞耻"。

这种观念把性跟爱强力地绑在一起，并且坚决认定，女人的性必须以爱为先决条件，女人的性需求不被认为是本能，反而是没有需求或需求很低才是天性。

这是真实的吗？女人真的不会像男人那样对陌生人产生欲望，被欲望控制而不由自主吗？有时我对此有些怀疑。觉得第一个提出女人先爱后性的人一定是男人，这是不是事实不重要，重要的是当社会大众都这么认为，并且也这样教育女孩和女人，女人就会真的变成有爱才能有性的动物，让社会压力进入女人的大脑，不断在女人感受到自己的身体内的冲动时，就无意识地自我压抑。

这么做的好处对男人显而易见，一方面自己的欲望被认可，另一方面又可以控制、管束女人的欲望，不断对她们说：只有对自己所爱的人有欲望才是对的。毫不费力就可以让女人约束自己。

但这么做的反效果呢？我在猜，这也许就是让女人步入婚姻之后，对性生活逐渐变得冷淡，甚至对此感到反感的原因。

因为性变成以爱为前提的活动，只要男人懒散于经营爱的感觉，就会让女人觉得两个人的性生活并不应该发生，如果说身体构造上女人又特别需要前戏的唤醒（这部分可能因人而异），那么日常生活中感受不到爱，唤醒性欲的动作就更显得多余。

性变成义务，就会唤起压力和恐惧

我曾经不只一次想过，被提出性的要求，跟反过来要求对方陪自己看他一点兴趣也无的韩剧究竟有何差异，虽然很想说服自己这可以简单地等价交换，仔细分析自己的想法和感受，却还是发现这当中，有性别不平等运作的细微痕迹。

不愿意满足对方的性，就算对方不这么说，自己内心都会感到"可能因此酿成大祸"的紧张。那些"男人需要性是天经地义""结了婚就有义务满足对方性需求"的说法和暗示，会让女性在对方提出要求的时候，感受到"好像别无选择"的压力。

举个例子，曾经有一位男艺人被抓到有外遇，认识他的人纷纷跳出来发表感想，其中就有一个形象颇为知性的女明星说："男人会有外遇，就是因为在家没有'吃饱'。"

这种说法暗示女人必须要为男人的外遇负责，因为是自己没有尽到把男人喂饱的责任，让人难以相信是出自于强调两性平等的女性之口。但从这样的发言也可以看出，作为女性，无论有多少男女平等、身体自主的意识，内心深处对于婚后的性生活，优先考虑的还是满足男性。

那种想法也会影响到性的乐趣，让性从身体的互动，变成单纯为对方付出的劳务。而且进一步探究其内在动机，可能不是"我爱故我性"，而是出于担心，害怕对方如果欲求不满，就会以此为借口发生外遇或离开自己。

简单来说，性生活被视为已婚者的义务后，并且男性的性需求被认为天生就高于一夫一妻制所能满足的程度，这些想法和暗示，很难不引起已婚女性对性的深层恐惧。

女性在自觉不被爱的时候，还必须配合对方从事性行为，会觉得委屈，但是如果不配合，又会害怕后续有什么结果，而不敢要求对方配合自己去降低对性的需求。

性生活就是因此变得复杂，没办法单纯地看成是陪对方吃饭打球或看电影。

然而反过来说，如果是女性要求另一半陪看没兴趣的电视剧，相信很少人会产生"如果不陪老婆看，可能会大事不妙"的那种感觉吧。

"婚姻本来就跟爱情不一样，即使不经营出恋爱的感觉，也能够安稳地持续下去吧……"男人心里这样想，可能认为老婆应该也是这样想的，但我却觉得，作为男人如果不希望在婚后，性生活越来越冷淡甚至是无性，就必须要意识到，即使**婚姻并没有那么脆弱，有没有相爱的感觉不会直接地动摇婚姻的基础，却很难不对女人的性产生影响。**

失去这种感觉时被对方要求性爱，会让女人觉得自己只是"泄欲的工具"，在匿名的网络讨论区上有许多让人印象深刻的故事，像是夫妻因为妻子半夜要照顾孩子而分房，但是丈夫有需求的时候，就会过来要求妻子过去。结束后丈夫呼呼大睡，妻子撑着疲惫的身体，又再回去独自照顾孩子。

这种似乎是作为女性就要不断地照顾家人的各种需求，不停地付出，付出，再付出，只是对象从孩子、老公，然后又是孩子的反覆循环，听起来很难让人对婚姻还有憧憬，却是很多人的婚姻现状。

因为怀孕生产或者是哺育母乳导致的性欲降低，还有因为工作和家庭蜡烛两头烧，有时间只想放空或睡好的职业妇女，会被丈夫抱怨都"不顾他"，最后以妻子勉为其难配合，或者坚定拒绝，两人不欢而散来作结。

就像孩子一样，婚后性生活也是一面照妖镜，可以测试两个人究竟有多少诚意彼此沟通，努力共同解决问题。

在性生活不协调的时候，有些人愿意尝试理解妻子的不情愿，也能够不卑不亢，用平等的方式讨论如何能够找回相爱的感觉。

但是也有些人无法接受拒绝或推拖，认为那就是对方不够爱自己，把性生活应该能够满足自己的规律视为婚姻义务，要挟甚至是恐吓对方"要去外面找"或者离婚。

有时候，我觉得这也是两个人对爱与自尊的解释并不一致的结果。

男人会因为自己对妻子有性欲而认为"这表示我爱对方"，反过来说，觉得对方对自己毫无性欲就是"不爱"，或者是自己无法让对方产生渴望，所以伤害到男性尊严。

因为自尊受伤，而拒绝放下身段去理解对方的感受，而是用愤怒或不满加以反击。

但女人可能刚好相反，被需求和被爱是两件事，有句话说"当妈妈的女人都觉得会主动洗衣打扫的男人最性感"，就是因为对方分摊家务的行为，让自己不那么累，这能让女人感觉到被对方体贴。

感觉到自己被爱着的时候，被要求付出就不会那么令人反感，不过是互相的配合，就算两个人想要的频率无法一致，能够对开口谈性不感到羞耻，自然地讨论"那该怎么办"的夫妻，也更容易协调出双方都能接受的方式。

让人有压力，也许是因为人们对性的联想太多了

虽然也存在夫妻中女方的性需求高于男性的情况，其中一方对对方完全不愿意配合感到痛苦，但无论是谁想要而谁不想要，性的问题最棘手的，是无论被拒绝或被要求，都会唤起内心深处对性"应该要如何"的各种想法，而造成一系列无法就事论事的

痛苦。

不想吃饭，但因为对方而一起去吃了。

不想看的电影，但拗不过对方就陪他（她）去了。

我们不会因为陪对方吃自己不想吃的东西、从事自己不喜欢的活动而感到太过委屈，反过来说，也不会因为在这种事情上被拒绝然后必须自己吃饭看电影而强烈地感到伤心，我们会理解对方就是有他的喜好，当下的心情，自己处理这样的需求没什么大不了的。

但是性不一样，性的要求，会让人有许多的联想。

怀孕时完全没有关心过老婆的老公，只关心生产后要过多久才能"开机"，很自然地，会让老婆怀疑他对自己究竟还有没有爱，怀疑自己只是被当作满足欲望的工具。

若是自己有性的需求却被对方拒绝，也会让人仿佛有全身心都被拒绝的羞辱感，最常见的是，被拒绝的女人会怀疑自己的身体有哪里不对，是不是不够性感或不再年轻，而被拒绝的男人则怀疑老婆心中有了别人，或是抱怨老婆只爱孩子而不爱自己。

其实，上面的很多想法属于胡思乱想，毫无根据，是把自己对性的观念和感受套在对方身上，以此来解释对方的行为。然而因为我们的家庭、学校、社会的整体文化环境都有着对性闭口不谈，一谈就把性极端特殊化的倾向，所以我们会被性勾起这么多复杂的感受和联想，而且当中有许多都偏于负面，也是很自然的。

要摆脱这么多刻板印象和成见，对性重新采取一种自然而坦率的态度，对谁来说都不容易。但是当两人的性生活发生问题，又无法坦诚沟通，问题也就更无法解决了。

平常不体贴的人，突然变浪漫是没用的

谈论婚后性生活的文章，多半给出两个解决方案，其中一种是一再强调"气氛"对性爱质量的重要性，所以建议夫妻可以用各种花招营造浪漫气氛来找回热情。

但这种建议在我看来，很难不让已婚者感到悲观。因为只要结了婚的人就知道，要在忙碌的生活中"炒热气氛"是多么难的一件事情。

夫妻能否时不时来个小出游、烛光晚餐，取决于经济条件这项血淋淋的事实。一般工作时间长、回到家要料理家务、照顾家人，还要盯小孩功课的夫妻，连睡觉时间都不够了，怎么可能还没事就来个温泉小旅行、浪漫晚宴。

也有男士在网络讨论区抱怨，说自己尽力讨好老婆，带她吃大餐、送礼物、接送上下班，一切按照浪漫约会的标准流程走一遍后，老婆却还是会在被要求那件事时大发雷霆。

我在网上浏览到类似这样的抱怨时心想，这就是过于迷信气氛作用的最大谬误，两个人在平常若是没有爱的感觉，即使当天

的行程再浪漫，最终，男士终于开口表达性需求时也会让人产生"一切都是为了性"的负面联想。

男人或许觉得这些讨好都是基于爱，也希望老婆用性爱回应自己，却不知道**爱的感觉对已婚有孩子的女性来说，取决于忙碌日常中，究竟能否感受到老公的体贴。**

短暂或一次性的特殊待遇，如果让人觉得是"为性而来"，就会被划分到"居心不良"的范围，当然，换个角度思考男人的立场想：男人一直以来不知道问题出在哪里，又因为女人对性的态度往往也是闭口不谈，完全没有得到"了解对方真实需求"的机会，心里的委屈也不难理解。

谈论婚后性生活的文章除了气氛营造这种治标不治本、还可能让问题恶化的策略以外，常见的是两种针对不同性别所提出的心理建议。

对于男性，一些文章会建议："结了婚就要接受现实""两性的需求程度原本就不同""每一段婚姻都注定走向无性"。但毫无疑问这种说法显得太过消极，许多研究都显示出老年人依然保有性生活有益健康，也有助于维系夫妻感情，年轻人或者是中年夫妻，如果采信那些文章里的说法，未免也放弃太早了。

对于女性的建议就像先前所提及的，有不少文章会强调女性要体谅男性的性需求。

我曾经看过一本女性心理咨询师的著作，谈如何维持美好的亲密关系，整本书大部分内容我都可以认同，唯独在讨论性爱的章节中，作者强调要用付出"母爱"的心情看待性事，让我很是不以为然。

或许作者的意思是，强调这份付出要有如母爱般无私和包容的成分，但一方面，人很难在质疑对方的爱的同时，还对对方非常的无私和包容；另一方面，我觉得我们根本就不应该跟性伴侣建立"充满母爱"的关系。

母爱是一种跟身体欲望、激情无关的情感，虽然我跟很多妈妈一样，偶尔也开玩笑说自己的伴侣是"家中长子"，但是如果认真地把对方视为自己付出母爱的对象时，我想严重的性冷淡应该是无法避免的。

但是从这样的建议也可以看出，比起教导女人如何开发或唤起自己的欲望，营造气氛和对方轻松谈性，建立平等互惠的情感交流……更常见的策略还是教导女性接受各种迷思，用转念的方式来"体谅"男人，而这却是对女人的压抑和矮化。

婚后会变得如何，本来就是婚前无法知道的事

在婚前我也跟其他人一样，从来没想过性会是个问题，婚后性生活冷淡或性需求不一致听起来都像别人才会发生的事，后来我才逐渐明白，那些"婚前你就应该要知道"，强调在婚前就应

该确保双方对性生活有共识，好像这样就能确保婚后不会为性争吵的说法，其实是严重忽略了婚后跟婚前，本来就是不同情境而不能一概而论的事实。

人们在婚前可以把性看做是约会的一部分，无论被拒绝或被要求都相对单纯，然而在婚后，性就多了很多责任和义务的压力，少了爱情的感觉，很容易引起关系中的紧张冲突（有时候是以非常隐晦的方式）。

在婚姻中我们依然会不好意思谈论自己的性需求，或者是不直接表露性需求，无论男女，关于性的部分，都会希望即使自己不说，对方也能够明白。

虽然疲惫还是默默地满足丈夫，内心其实觉得委屈的妻子，可能仍在期盼丈夫有一天会自己发现状况不对。然而丈夫可能正满足于两个人依然频繁的性生活，根本无从想象妻子的心情。

不明说，对方也能够明白。这种想法是注定不可能实现的愿望，只会导致一方拼命地压抑，即使直到无法压抑而爆发时，可能还会另外找事由爆发，让对方摸不着头绪。

我们想象的理想夫妻是一切都可以尽在不言中，随着时间累积默契，而不是忍耐已久的愤怒和伤心。尤其是对于性，不管是必须要提出要求的一方，或者是必须要找理由拒绝的一方，对于这种对方不了解自己、逼得自己什么都要说出来的状态，很容易出现难堪的局面。

然而一件事情只要不沟通就会被复杂化，一旦用性的接受和拒绝来传递太多信息，又加上太多自己的解读，那么无法坦诚相对的双方，最后就会因为不被对方理解而感到失望和痛苦。

如果可以，拒绝的那一方可以在拒绝时提出解释，用亲密的身体距离、没有性暗示但能表达善意的举动，以降低拒绝所造成的伤害。提出要求的那一方，必须确实把对方的状态考虑进去，并且给予对方没有压力的选择权。

乍听之下，这似乎是有点太过理想化了，有一种倾向是结婚越久的夫妻，越觉得没有必要对彼此温柔和小心翼翼。但是性在婚姻中是一个非常敏感的话题，我们确实应该学习用更好的方式沟通，否则，它就会变成婚姻中的一个雷区。

无法向对方说出自己的感受，就无法诚实面对自己

夫妻之间缺乏身体的交流，并不表示这段婚姻就一定会破灭或者伤害彼此。然而它确实可能是一个警告，显示出在这段婚姻中，双方有沟通不良的问题。

性生活的频率和方式，必须是彼此都能接受的共识。夫妻之间真正的危机，不是表面上性生活的有无，而是面对最亲密的人，却无法坦承自己想要什么和不想要什么。无法说出自己感受的人，也无法诚实地面对自己，最终因为从来不做沟通而加深误

解，引起更多的受伤和失落。

有太多的观念上的障碍、无法放下的成见或是对对方的不信任，在阻碍夫妻之间轻松谈性。当双方都不愿意坦承"自己想要什么"，就很容易因为自己得不到，而以"不让对方得到"作为报复。

很多女性其实想要对方的体贴，希望生活中有被爱的感觉，这些心愿不想说出来，因为觉得只要一说，就不得不清醒地面对这样的事实：原来在双方关系中，爱是匮乏的。

这种事情还需要说吗？

我忙到快昏头了，还看不出来吗？

装不知道，是因为根本就不体贴吧。

对习惯担负起关系中的情绪劳动，因此对别人的状态相对敏感的女人来说，在自己忙得焦头烂额时，还能够像什么都没看见，自顾自看电视滑手机的男人实在是不可思议。

不被体贴的时候为什么还要体贴对方？拒绝满足对方的性需求，不断地强调"我很累"，其实也是一种非常迂回的暗示。

不一定是因为很累所以要对方自己解决，也有"你必须先解决我很累的问题"的含意，但是根本没有想过妻子的累跟自己有什么关系的男人，可能就觉得妻子找理由推托，根本是不够爱自己，或者是所有的爱都被孩子占据。

再一次地，性显示出跟其他事情没什么不同的一面，**只要双方都不能坦率说出自己真实的想法，达成共识很难，就非常容易**

形成误会。

看着网上的讨论我心里想，与其上网询问"你们的另一半也会这样吗"，还不如回到自己的关系中解决问题。看到许多人上网表达自己在性生活中受伤的感受，就觉得关于性，我们似乎跟陌生人还更能够说出心里话。

但是跟陌生人诉苦或者得到理解又有什么意义呢？知道在这个世界上有其他人和自己有一样的感受、一样的需求，又能解决什么实际问题呢？最困难的永远是回到现实中去，面对真正处于关系当中的人，也要做到不卑不亢，能够坦承自己脆弱和无助的内心。

很多男性和女性天生构造不同的观点，都好像在强调说，这种需求不一致是永远无法解决而只能忍受的问题。但是只要多想一下就会知道，人与人之间，想法和感受永远都不一样，需求不一致的，又何止是性呢？

在亲密关系中两个人要能好好相处，从来就不需要对每件事情都有同样的感受和同样程度的需求，能不能让两个人都觉得获得一定程度的平衡，关键永远都是沟通的诚意和付出的努力。

因此，表面上看起来性生活不协调确实有可能造成婚姻的破裂，但很多时候婚姻破裂不全是因为这个，而是因为婚姻中的两人，没有发展出共同解决问题、坦诚沟通的互动模式。性不过是在原本就沟通不良的婚姻关系中，扮演压死骆驼的最后一根稻草而已。

|第 10 章|
外遇是一方的冒险，另一方的天灾

　　有些男人没有办法进行精神上的探索，于是把自己
对生命无常的恐惧、对冒险的渴望，寄托于性和激情。
有些也知道自己伤害了别人，在生命的尽头做出忏悔。
从某方面来说那种忏悔是毫无诚意的，但或许对受了伤
又注定要独自舐舐伤口的女人来说，男人对自己的歉意
和悔过，还是多少表示了自己伤痕的价值。

我一个很好的朋友搞外遇了，他以向妻子下跪道歉告终，事隔没有多久就看到他们在脸书上继续秀恩爱，因为对朋友个性的了解，知道他说的话并没有作假，外遇前后他始终如一地认为，妻子是全世界最好的女人。

他们的经济条件也很好，孩子也可爱，总之，就是在他对这段婚姻没有任何不满而且对妻子只有感激的时候，跟一个年轻女子搞婚外情，事情被共同的朋友揭穿，一切就像安排好的那样，简单地开始，又异常简单地结束。

可能要内在修复这样的伤痕并不简单，外在看起来却是极端的简单，一直被我们笑"对老公也太崇拜"的那位朋友的妻子，依然在脸书上赞美老公，表达对十年婚姻的满意和幸福。

知道了这件事情后我就在想，对婚姻生活没有任何不满的男人，就某方面来讲没有任何外遇的借口，但就是这种完美也是一种让他想要出轨的理由，因为太完美了，感情、事业一切都没有任何压力，日复一日的工作、放假旅游、平稳的家庭生活，满足不了他想要冒险的渴望。

只是那种冲动，会让生活像火车出轨那样彻底翻覆，像走在钢索上随时可能摔落。我那位从小到大没有真正吃过苦，事业、感情一路都非常顺利没有受过挑战的朋友，心里怀抱着"自己真的值得吗"的不安，别人对他"一路顺遂"的描述，反而让他有想要摧毁这一切重新再来的冲动。

他并不是那种对自己太过自信才游戏人间的人，不是陶醉于女人对他的崇拜而习惯性地外遇，但是他也承认妻子的原谅好像证明了他的好运无坚不催，在被发现时很害怕，担心这会让他的人生从云端上跌落，而在发现"原来没什么好怕"，妻子对他的爱似乎真的可以包容一切的时候，他感到安心，心底却又有隐约的失落。

这种对于男人好像可以理解，又好像无法理解的各种外遇的故事，作为女性的我不知道该怎么想才好。

妻子打压丈夫的尊严、性生活不合、贫贱夫妻百事哀……**各种的"不幸"会让人想要外遇，想要寻求不那么困难的满足，但反过来说万事俱足的幸福也会唤醒这些男人外遇的冲动，好像他们只是想要创造问题，好让自己不在安逸的生活中感到无聊，还有变得最让他们难以忍受的平凡。**

不想平凡可能是这种外遇的真正理由，拥有一个在各方面都不受挑战的生活，看不到未来的危机，这种生活可能让对人生有着幻想的男人厌烦，于是男人潜意识里想要创造危机，感受自己的人生故事不是就这样而已，而是依然有可能大起大落。

因为无法想象壮游、创业或举家迁移那样的宏大计划，于是去搞外遇而被我们不留情面地嘲笑"你就是太无聊了"的朋友只是苦笑，然后叹息。

很有可能这种事情会一再发生，因为一点都不危险，很容易得到妻子的原谅，甚至会变成乏味生活中随处可尝的甜头，也有可能从此不会再有第二次，因为当妻子证明了对他的爱确实无比包容，这种挑战就失去了乐趣。

或许，男人想要的不是外遇本身，是在没有勇气真正冒险的人生中，做一次类似的赌博，就算全盘皆输被众人说成傻瓜或神经病，在想象中也会有一种浪漫的错觉。

可以理解却没有办法同情，但也不知道是否该同情出轨者的妻子。谈感情、走入婚姻，经过这段时间我逐渐产生新的想法，能够一再包容回头的丈夫，有些人是出于不得已，但也有些人，可能也是某种程度的自我满足。

男人在外面很受欢迎，这好像也肯定了自己最初的眼光。当**每个人说出自己想要的幸福时，乍听之下都差不多，然而顺从各人的潜意识，却用各种不同的方式加以实践。**

宽容而不苦情的元配是一种，痴痴苦恋的小三也是一种，表面上吃得开，实际上跳不出元配手掌心的丈夫也是一种，我有时候想我们只能尽可能对伴侣诚实，但是在少了现实的考验和诱惑之前，这种诚实，也可能包含了许多说了也未必能够做到的承诺。

我曾经想过把自己做到最好，在各方面让对方没有搞外遇的理由，即使有外遇也会很快后悔，知道自己伤了最好的人的心。但就在知道了朋友出轨的故事之后，我开始觉得那种想法也毫无意义，朋友的妻子人非常的好，内外在条件俱佳，她对朋友的温柔与包容远超过他的父母，但那跟他是否会有外遇是完全无关的事情。

搞外遇是一种想要冒险的冲动，虽然对他来说，其实也是无谓的冒险，因为就算没有任何根据，他也知道妻子一定会原谅自己，就像小孩在父母的监视底下玩，可以相信在情况变得不可控制之前，父母一定会前来阻止。

只是妻子毕竟不是父母，丈夫搞外遇对妻子造成的伤害，不像表面上看起来那么简单。

看起来是很简单就和好了，实际上是如何呢？要再多问就是八卦，再多想象，就要为朋友的妻子感到可惜了。

外遇不只是追求冒险，也是为了逃避恐惧

菲利普·罗斯在小说《凡人》中，写一个步入老年的男人回顾他的一生，事业有成、两段婚姻、三个被他伤害的女人、两个不愿意原谅他的儿子和一个善良宽容的女儿。最后这女儿就像一个象征，是他唯一可以求取原谅和依赖的对象。

我惊讶于这本讨论衰老和死亡的作品，一直在探问生命意义、平铺直叙地诉说老年生活多么令人失去向往的男主角，同时也是一直在想、回顾、缅怀妻子以及自己同其他女人的性与激情。

在住进老年公寓之后，主人公还是去向年轻的女孩搭讪，理由就是"她很性感"，在被唤起欲望时仿佛生命的意义和活力重返了他的身体，在被拒绝后他被迫面对自己垂垂老矣、逼近死亡的事实。

似乎一直要到他的身体再也不由自主时，他的性冒险才会告终，但在那个时候他对生命的热情也瞬间冷却，而也只有在无法再向年轻时畅享人生的时候，他才会想要用对女儿及外孙的照顾和付出，作为在这世上与他人唯一的联系。

男人好像跟女人困在不同的事物里，**女人受困于父权文化铺天盖地的牢笼，男人则受困于他自己的身体、欲望和想要冒险而回避安稳的冲动**，他被那些事物控制，即使因此摧毁一切，对孤独死亡感到恐怖，他也能说自己不虚此生。

我在思考这究竟是生物天性抑或后天的塑造，虽然人们总说那是天性，但人类并不是只有本能的动物，人是有社会性的，社会文化的塑造会一直改变人类行为的倾向和不同性别的特质。

我总是想如果这个社会是一视同仁地对待男人和女人，外遇、性冒险、用身体来满足自己……如果这一切行为的代价对男人和对女人来说是一样的，女人会不会被唤醒这种冒险的天性呢？

女人渴望安全，会不会是因为灾祸总是被男人带来，而被迫扮演了某种在风雨中屹立不倒的角色，不管是在丈夫抛家弃子时保护孩子，还是在丈夫浪子回头时加以原谅？

如果男人的生活（特别婚后），也像女人一样随时可能被指控"因为你做得不够好"或者"因为你做得太好了"而导致伴侣的外遇，也有这种某方面来说自己束手无策，只能被动眼见它发生的灾祸，那么男人会不会就此学到保持谨慎，因为即使你万分谨慎，天灾还是会随时降临？

我曾经在谈话性节目上看过主持人和嘉宾讨论外遇，这个话题几乎每一个月都会有新的公众人物可供讨论，妻子个性木讷无趣可能是理由，个性活泼大方被说"太爱玩"也是理由，缺钱压力大是理由，钱太多无处花也是理由，在众多追究妻子到底做错了什么，好像男人在自己的外遇上彻底是一个"无行为能力者"的讨论中，女性嘉宾叹了口气说："对女人来说，那就像天灾一样。"

女人都想知道做什么可以防堵另一半搞外遇，但外遇就像天灾，有可能做什么都一样，男人并不是无行为能力也不是无判断力，他们的身体和言行可以控制，只不过是不想控制，而这个社会又总是对他们很宽容，连带地也对他们的妻子施压、要求甚至是迫使妻子对他们宽容。

如果男人身上也有这么多莫名其妙的"责无旁贷"，在外遇这件事情上，会受到像妻子那样严厉的检讨，可能就不会那么轻易冒险。但问题是有外遇的男人始终活得安全，他们不会像被背叛爱情的妻子那样名声受到侮辱。外遇对男人来说，听起来就只是一段风流韵事，网络舆论骂得再凶，其实也从未真正动摇过"这是男人天性"的意识形态，这种意识形态始终会帮他们除罪，甚至把他们描述的像是忠于生物本能的动物，有一种发自天性的"纯洁"。

如果社会批判男人外遇和女人外遇采取的是一样的标准，检讨的都是他（她）的另一半无法满足自己，或者同样都只是把外遇看成婚后感情生活中的"经历"，而不直接连结上道德瑕疵，如果社会把外遇看作纯粹发生在两个人之间、不足以向外人道、外人也无权过问的事……

这些看似不可能发生的改变如果发生，或许我们就不会再看到美剧《欲望都市》在拍成电影第二部时变得有多无聊，凯莉必须为了跟旧情人在异地偶遇时的一个吻，表现得好像自己犯下瞒天大罪那样的天崩地裂，想想看如果那种程度的一点回味、一点浪漫，对已婚女性来说都是那样的天理不容，那为什么对男人来说，有感情或没有感情的外遇，都像是"天性的一部分"那样理所当然。

这个社会最矫情的地方在于，专情、忠诚，这些双方共同许下的婚前誓言实际上都只限制了一个人，只有一个人会因为没有做到而受到严重惩罚，而另一个人会被认为是顺从天性，得到睁一只眼闭一只眼的包容。

如果可以，谁都想顺应自己的内心

在婚姻里，外遇是最能彰显性别不平等的，或许亲子教养也算是其中之一。这些行为及相关的规范，透露出人们认为男人跟女人在天性上就不一样，接着再依照这些对天性的假设，发展出对不同性别彻底不同的压力和箝制。

我时常想起那个嘉宾说的"外遇就像天灾"，即使深受某些经营感情的书籍、文章所感动，我相信并且憧憬细水长流、相知相惜的情感，也从来不能否认自己的感情生活会有被外遇的可能。

因为胆子小加上这个社会对女性外遇的严厉，我可以说相对而言自己有外遇的可能性极低，但就从越来越多妻子有外遇的事件在匿名网站上被讨论，也觉得不过是机率大小的问题，如果单就感情来说，结婚不结婚，男或女，人人都可能遭受背叛和伤害。

只是这种乍看之下是私人领域的事情，其实深刻地受到社会文化所影响，感情创伤会因为这种社会因素而受到强化或减轻，举个例子来说，因为一般人认为女性有外遇的机率较低，不像男人有外遇那样稀松平常，反而会让遭受妻子有外遇的男人，在名誉和情感上都受到加倍的重创。

结了婚，两个人就是生命共同体，若是对方战胜不了诱惑或者刻意地朝诱惑而去，即使自己做了一个好伴侣应做的一切也无济于事，也会被拖着共同付出代价。对女性来说甚至是付出所有的成本并牺牲自己，偷腥后道歉回头的丈夫还可能被赞赏是浪子回头，但女人则被送上"抓不住自己丈夫"的评论，再加上怀疑自己不够好的内在伤痕，可能一辈子无法摆脱。

在各项因为婚姻而必须互相背负的风险当中，外遇是最令人难堪的。奇怪的是女人甚至必须透过"原谅"，来挽回贤妻或宽容的美名。

看着搞过外遇后依然过着幸福生活的朋友，想象着或许他的妻子是透过原谅而获得某种外人未必能够理解的满足，也或许是忍受着痛苦，因为不忍耐的代价更大。我就更强烈地觉得一般人讨论外遇的方式都有些偏离焦点，**当我们讨论外遇时，重要的不是原因而是后果。**

无论搞外遇的是哪一方，外遇对男人和女人的社会后果是截然不同的。

自己有外遇而导致离婚，或者是被外遇而选择离婚的男人，都比较容易找到下一个伴侣；而结束婚姻的女人，却可能就此单身到老。

再加上成为母亲的女性在经济上本来就更容易陷入弱势，这些社会因素，都可能超越了爱情而变成"必须要原谅对方"的真正理由。

从这个角度来看，男人确实是受到社会保护的。外遇对他们来说可以是一种游戏或冒险，因为他们能够把感情和自尊受创、家庭和经济生活遭受威胁的风险，都转嫁给身边的女人。

有些男人没有办法进行精神上的探索，于是把自己对生命无常的恐惧、对冒险的渴望，寄托于性和激情。有些也知道自己伤害了别人，就像《凡人》里的男主角那样，因为知道自己即将孤独终老，于是在生命的尽头做出忏悔。从某方面来说那种忏悔是毫无诚意的，但或许对受了伤又注定要独自舔舐伤口的女人来说，男人对自己的歉意和悔过，还是多少表示了自己伤痕的价值。

如果不是家庭、社会，各方面都包容着男人的脆弱和易受诱惑，女人也不需要如此强悍，承受着这种天灾所带来的伤害和屈辱。关于我那位出轨的朋友，我听说不管是朋友的妈妈还是岳母都表示劝和，她们不管自己年轻时是否曾经遭遇并且能够做到忍受丈夫外遇的打击，面对自己的媳妇和女儿时，都表示"为了家庭"，希望她忍一忍就算了。

或许也有一部分原因是担忧，害怕女儿变成单亲妈妈会承受更多的压力和挑战，但无论如何，不原谅、不接纳有外遇的丈夫，都是一个难以选择的选项。

我想象这种不得已的坚强和包容，不得不表现出的看开和释怀，或者永远无法看开只是就此怀抱着伤口生活，这种人生态度又在女人的血液里代代相传。因为知道自己所处的时代是什么样子，在许多方面，男女平等都还只是形式而非现实，只能把期望放在未来，我希望自己的下一代，无论是儿子还是女儿，都能够鼓励他们克服不公平的挑战，选择忠于自我。

我希望我的孩子不用勉强自己去接受无法接受的事情，忍受无法忍受的伤害，希望他们有这样的选择，不因为性别而有所不同。

|第 11 章|

在背离常识的生活中，肯定自己追求的幸福

　　没有性生活究竟可不可以，有半开放、全开放的性关系（指的是其中一方或是双方有婚外性生活）还算不算是夫妻，关于这些问题，每个人、每对夫妻都有自己的答案。

最近看了一本讲性生活的书，日本作家木灵所著，书名在此就不说了。这这本书我实在不好意思在实体书店买，而是选择网购，我买的时候，确实是基于好奇。

　　因为我们常用一种忽略身体的方式在讨论生活，所以我们时常讨论婚姻却不讨论性，而那些性生活遭遇问题，无法满足彼此的夫妻又该怎么办的问题就更让人好奇。

　　看完之后我无法否认让我有一点失望，因为我原本期待这本书能"呈现一种特殊的爱"，一种不同一般的婚姻关系，就像书讯还有读者好评上所说的："这对夫妻不平凡的爱让人嫉妒。"

　　但真正看完全书，我却无数次对女主角，也就是作者本人的选择表示叹息。

　　不是不能无性，也不是所谓夫妻就一定要像别人说的那样，一周要有两到三次的性爱，身体和心灵都有交流（又有多少夫妻能做到），问题是书中的丈夫私下买春，妻子知道却装不知道，他们这种处理情感问题的方式，让我总是有种"这其实不是共识"的感觉。

　　日本网站上的读者书评，很多是在质疑："为什么不去看医生呢？"但我理解妻子为了自尊、宁愿死也不想对医生说出困难的心情，丈夫没有要求她这么做，或许也是一种少见的宽容。

只是和不被要求就医而能获得守护的尊严相比，丈夫选择私下买春，在我看来是更伤害妻子尊严的事情。

让我耿耿于怀的并不是夫妻之间无性，而是作为夫妻，却从来没有好好地对这件事情做出讨论，从未向彼此袒露真心。

虽然在作者笔下，两个人过着如室友、兄妹的生活，好像也是一种幸福，内在却是妻子把委屈和寂寞全部都吞了下去，只因为自己是性功能障碍的一方，就过得仿佛对对方有深刻的亏欠。

这就像是被单方面地放弃了，两个人不再共同寻求解决问题的方法，而是把问题留在那里，让其中一个人独自承担。

夫妻之间有时会有这种非语言的信息传递，作者看到丈夫在买春场所使用的集点卡，才发现丈夫并不是和自己一样忍受着性生活的匮乏，对方单方面地决定了这是她要一个人面对的事情。在震惊过后，她居然选择了用"这是丈夫对她的爱"来加以诠释。

我却觉得那表示她深爱丈夫，不去揭穿，不去冲突。

每个人都有"自己觉得的幸福"

我会有难以释怀的感觉，或许是我不能真正能够理解作者心情。

站在一段距离之外，说别人"应该"要怎样总是很容易。同样作为女性，我在看到那个段落时所感受到的心疼和气愤，对当事人而言可能只是傲慢，强调的是我和她之间，因人生经验不同而无法彼此理解的距离。

性生活就跟婚姻中的其他层面一样，最重要的是两个人的共同认知，关上门来的事情只要两个人都觉得好，旁人其实无从置喙。

我并不认为人们可以擅自开启别人的卧房，对于什么叫做"正常""你们这样就叫做不正常"等厥词，社会学的训练又提醒我，要警觉社会如何运用"正常"的定义对个人自由产生压迫。但即使如此，我对理想婚姻的想象，让我无法赞同作者的选择，而那应该是我个人的偏颇，显现出的是我的自以为是。

性生活虽然是两个人之间的事情，其实还是渗透着社会对于正常婚姻的规范，在其中形成对个人的压迫。不是只有欲求不满的人会感到痛苦，觉得满足对方是自己的义务、自己却无法做到的人，也会感到痛苦和自我怀疑。

虽然从作者的自白来看，似乎是作为妻子的爱，克服了在一般夫妻之间，可能会导致婚姻破裂的性生活不和谐、婚外性行为等问题。然而这样的爱却很难说不是受到她在成长过程中，被母亲不断地贬抑，认定自己"没有资格"向上追求的想法所影响，是一种出于自卑的选择。

有多少夫妻怀抱这种不能说的秘密共同生活，当中又有多少

人像作者一样，因为无法满足对方而自卑。**总之，在"只要你接**
受我就好"的婚姻避风港中，还是有双方各自不同、只能默默忍
受的寂寞和痛苦。

　　没有性生活究竟可不可以，有半开放、全开放的性关系（指
的是其中一方或是双方有婚外性生活）还算不算是夫妻，关于这
些问题，每个人、每对夫妻都有自己的答案。

　　与另一半的共识是唯一重要的共识，这份共识是两个人共有
的秘密，作者最终还是写出一本书并选择公诸于世，可见得即使
是下了决心要独自承担，还是会渴望找到能够理解这份心情的人
加以倾诉。

　　社会压力之巨大不容小觑，个人却可以有自己的坚持以及用
各种方式让自己有力量坚持下去，或许对她来说，写作的意义就
是如此吧。

　　不想要自己的忍耐和痛苦就此安静地消失，好像没有发生过
一样的让所有人都看不出来，总之人在婚姻中都会有这样的矛
盾，如果说了什么烦恼，担心被别人贴上婚姻不幸的标签。如
果不说，有时候，那些烦恼只有自己一个人知道又实在是太过
沉重了。

　　深爱丈夫却没办法拥有性生活，觉得自己"没资格"抱怨而
默默承受一切的妻子，没有孩子，没有身体交流，没有彻底的坦
诚，而是选择用充满忍让的爱，作为婚姻更强力的羁绊。

　　自己觉得幸福就是幸福吧。其实这世间的爱情和婚姻有很多

种形式，只是乍看相同而内在不可能完全相似，每个人都是跌跌撞撞地找到自己可以认同的幸福，看到最后，还是挺肯定作者的勇气。

|第 12 章|
像法国女人那样生活？

　　有很多书把女人之所以是现在这个样子，全部归咎于女人"自己的选择"和"自己的责任"，忽略所有人的生活面貌其实都是文化因素、社会因素的共同形塑和参与。这类说法把个人主义推到极端，好处是让人觉得似乎只要改变自己，一切就会有所改变，因此对前景感到乐观和充满希望，但坏处就是只要尝试一下就会知道，除了心境之外，很少有什么事情是只要自己改变，一切就能完全不同。

我在书店看到一本谈法国女人的书，作者自己就是法国女人，她说无论何时法国女人都会保有自己的一点小任性，照她的说法——忍耐会让人变老。书中有类似这样的话："法国女人就算在养育孩子，也会确保自己有一小段时间，和伴侣一起举起香槟、享受美味的起士。"

　　这么看来，法国女人的生活实在令人向往，或许还没有生孩子但是决定要生的女性，会因为这段描述而确认自己将来的志向：当一个不那么忍耐，保有自我和伴侣之间的情趣的"法式母亲"。

　　还没有当妈妈之前我一定也会这么想，只是抽出一点时间喝咖啡、和丈夫轻松闲聊，能难到哪里去呢？把忍耐当成美德而且坚持忍耐的母亲，可能老得快又苦水满腹，我绝对不要那个样子。

　　但我成为母亲之后，现实是什么呢？现实是，我发现理论总是不把最重要的事情告诉你，就像用红笔在文字下画了重点，但真正的重点反而是没有画线也没有放大的那几个字，以为要做法式母亲最重要的事情是"不要忍耐"，但是在"法国女人就算在养育孩子，也会确保自己有一小段时间……"这段话当中，真正的重点是"确保"，而一切的问题也在于，如何确保？

　　想要一边顾着孩子一边有喝香槟的时间，就得使周围的人都认可你有这样的需求和满足需求的权利，孩子不能被认为是你一个人的责任，你的老公，也不能在你说"忙了一天我现在要来杯香槟"的时候说"孩子哭了你不去哄还在这喝什么香槟"的话。

每一件事情都必须先把孩子安顿好，哪怕只是上厕所五分钟都要抓紧，担心孩子哇哇大哭、尿湿尿布或讨奶，没有体会过这些生活的年轻女孩，可能会觉得这一切只是我们做妈妈的不敢为自己争取自由的借口，在丈夫或家人面前不够努力去捍卫自我，孩子哭了总是第一个跑去照顾，"难怪连喝咖啡的时间都没有"。

而且关于该怎么"教育"为人父的丈夫，很多没结婚的女孩懂的比已婚女人还多，我在跟一些年轻女孩相处时发现自己被看成得过且过、姑息老公的女人，做不成法式妈妈只能说是自己的错。

但经历过才知道，问题不全在我不够坚持，要在一个不是法国的地方坚持做法国女人，成功了你会在脸书上面有一大堆粉丝；失败了，则面临没完没了的人际冲突。孩子需要照顾者的时候，要坚持"这时候该换班了"，然后看谁受不了谁去哄吗？会是旁人先让步还是自己先心疼呢？不用实际体会我也可以想象，喝咖啡时旁边有着婴儿的哭泣伴奏，那杯咖啡一定是又酸又苦。

我们不能享有一点小任性是因为我们还紧抱着传统妇女的美德规范吗？不是，重点不是我们不知道"忍耐让女人变老"，也不是因为无知守旧或太宠老公，而是因为要过上"不需要忍耐"的法式母亲的生活，需要太多条件配合，最难的是和周围的人达成共识。

　　身边每一个人都对孩子的成长有深刻的影响，因此也会决定孩子对"妈妈去休息"这件事情的看法，在每一个妈妈都保有自己喝咖啡放风时间的法国可能没有这个问题。但在中国，妈妈能够请求看护孩子的对象只有丈夫或长辈，先不说丈夫的部分，有的长辈就是会在妈妈去休息，自己帮忙顾孩子时对年幼的孩子说："你看你妈妈只顾着去玩，还是我最疼你了，你长大以后要孝顺我啊！"

　　这么说来能不能做法式母亲的关键，是要有法式老公，他相信在你当妈妈之后有喝咖啡、下午茶和做spa的时间依然重要，更重要的是他要理解你做那些事是理所当然而原意帮你分担。作为孩子的父亲、妻子的丈夫，要付出时间、心力、金钱，协助妻子保有自我。因为理解，所以会想办法帮忙排除妻子休息的障碍，然而在中国，就算全职妈妈只是一周想要放风一个下午，不只是长辈会说"妈妈本来就是全年无休的"而要把传统妇女的"美德"强加于你，还有许多男人认为"都当妈了还要想那么多"。

　　"妈妈就算累倒了也不该把孩子交给旁人，否则就是推卸"，有许多人持有这种观念，就更不用说希望他们主动帮忙，让妈妈可以休息。

　　另一种常见的说法是"把小孩顾好你爱做什么就做什么"。多数男人没有体会过又顾小孩又顾家事连吃饭都扒着吃的母亲式生活，当然觉得自己这么说，已经是不得了的支持和宽容了。

再次回到"忍耐"这个话题。成为母亲而且孩子还小的时候，母亲想要"不忍耐"，是一种没有旁人参与就无法实现的状态，作者虽然是想分享法国女人的经验，希望其他国家的女人别再折磨自己，但可能的话，要先把法国男人分给我们才有用。

这么想来，与其出一大堆"如何当法国女人"的书，还不如写一本书来讲讲"如何让男人变成法国男人"，甚至还要"如何把什么都管的婆婆变成什么都不管的法式婆婆"，然后我们做妈妈的真实困境才有改善的可能？可能更重要的还有提供给政府做参考的，像法国那样，可以通过育儿补助、完善的托育制度充分支持单亲母亲和双薪家庭。

如果我可以放心把孩子交给托育机构，而且不需要付高昂的托育费用，我就不用在想要休息喝咖啡的时候仰人鼻息，我也可以当法式母亲，尽力去保有自己的小任性。

有很多书把女人之所以是现在这个样子，全部归咎于女人"自己的选择"和"自己的责任"，忽略所有人的生活面貌其实都是文化因素、社会因素的共同形塑和参与。这类说法把个人主义推到极端，好处是让人觉得似乎只要改变自己，一切就会有所改变，因此对前景感到乐观和充满希望，但坏处就是只要尝试一下就会知道，除了心境之外，很少有什么事情是只要自己改变，一切就能完全不同。能不能喝一杯香槟、放假一个下午，这些都不是心境，而是客观的外在现实啊！

换个角度来思考这类书籍。我曾看过一本书——《偏见法国》，里面提到对于法国女人永远美丽性感、法国母亲永远从容优雅其实也是一种偏见，作者整理这些说法所描述的地区和家庭，结论是：这不是"所有"法国女人的样貌，而是居住在过去代表上流社会、今日则是富有家庭的地区的女人才做的事。离开那个地区，收入水平一般的母亲就像世界上其他地方的母亲一样，不只会胖，还可能对孩子大呼小叫，忙着洗衣服做饭养猴孩子。

看完那本书我恍然大悟。原来让人不得不心生向往又自惭形秽的法式女人，其实不是法国限定，我们中国也有，如让人羡慕又遥不可及的孙芸芸（台湾地区第一名媛，企业家）。我们也没必要舍近求远地羡慕法国女人，只能说法国所代表的异国情调，从年轻到老都充满魅力的女人，在全世界都是女人心中无法舍弃的理想。

理想和现实终究是有差距的。只是不能因为这个差距而过分地苛责自己，以为事情真的像别人所说的"是自己不上进"，而是有其社会因素啊。

|第 13 章|

那些仿佛无人知晓的故事，成为母
亲的女人都是懂的

　　爱情中的承诺是不可靠的，可靠的是一个男人愿不
愿意为了家庭而有所改变，扛起属于自己的那份责任，
但是很多男人把事情想得太美，结婚生子后发现事情没
那么简单，便立刻搬出"我只负责工作就好，小孩本来
就是妈妈的事"的高论，让妻子躲也无处躲地扛起本该
属于两个人做的亲子教育。

今天，我很难得的在孩子的陪伴下，感受到一种岁月静好的幸福，平常都是我在陪伴他，必须要做的大小事都不断被打乱，心情总有些毛躁，但今天我跟他说"来陪妈妈工作"，他就真的拿着最喜欢的玩具，和我一起坐在大床上，就着台灯，我看书，他自己玩。

当然他会不断地跟我对话，但是像之前那样抢走我手上的东西，叫着："妈妈不要工作，妈妈来玩！"而是跟我讨了一堆便条纸去玩，一边玩一边说："妈妈你看！"但我正在看的书，都还让我好好地拿在手上，我并没有受到严重的干扰。

只是在这样平静的下午，我却又想起了让我牵挂的事情。我感觉今天如果有人问我，是否觉得自己做妈妈是合格的，也就是说能力所及，条件俱齐，我会说是的，虽然一开始非常怀疑自己，有时非常寂寞和崩溃，但现在笑看来时，至少是过了第一阶段新手妈妈受到的震撼教育了。

但越是这样我越想起，若是有些人没有办法撑过，走不到笑看来时的这一刻呢？

会有这样的想法是因为我发现，很多过着伪单亲生活的妈妈，一个人做了几个人的事情，老公除了所谓的赚钱养家，什么都不管不顾，老婆再累也不愿意请保母或做一点事情分担。

同甘共苦就还好，如果丈夫有一点觉悟，把自己的工作时间同周一到周日除了上班就是在育儿、做家务的老婆所用的时间对一下，然后知道自己多么轻松，态度上能有尊重对方，稍微分担一些家务，这些问题都不是不能撑过，但问题是很多男人不是做不到，而是不愿做。

周末有空自己跟朋友去打球唱歌，振振有词地说"工作很累需要休息"，但是老婆照顾孩子，半夜也无法连睡三小时的疲劳，被认为是"你这妈妈太没用了没办法让孩子睡过夜"，而不是妈妈需要休息。

以家里太闷、老婆只会抱怨、没情趣为理由，所以大剌剌外遇者有之，认为自己有在工作就是对家庭最大贡献，放孩子哭泣自己滑手机者有之。总之，听朋友聊起她所知道的一些事情，加上网络上妈妈网友的苦水，**我发现在婚后真的对人生感觉到绝望，老公婚前的幸福承诺不止打折还要倒扣，在长期的疲劳、孤独、无助之下，曾经想要带着孩子从楼上跳下去的女人，比我们以为的多太多了。**

听朋友说她也有过那样的心情，因为过度疲累，加上看不见改变的契机，只看见这种生活仿佛将永无止境，她真的想从楼上跳下去，最后还是因为想到孩子若没了妈妈怎么办，又舍不得把孩子带走，才勉强活了下来。

听她这么说我都要冒冷汗了，想到在无人知晓的时候，朋友的生命就这样走过幽谷边缘，只要一点点风，都可以把她推下去。

在一个相信"为母则强"的社会里，妈妈们被放着去自生自灭。

为什么人们选择相信"妈妈们总会自己想出办法"，却不能理解一个人长期失眠、劳累、缺乏社交生活，本来就很可能变得忧郁、看不见光明面，这时再加上什么打击就会失去求生意志？有多少妈妈是自己拉住自己，靠对孩子的爱克服这些痛苦？不可否认很多妈妈最后都做到了，这些事实构建了我们对为母则强的想象，却也否定了，在同时也有许多妈妈正面临困难。

我相信还会有越来越多人遭遇这种困难，因为我们是被"相信男女平等"的方式教育长大的，女人越来越不想结婚生子是完全可以理解的，结婚生子的女人，会发现父职和母职完全不同，而男人有一个仿佛永恒的保护伞可躲——你不是妈妈吗？

爱情中的承诺是不可靠的，可靠的是一个男人愿不愿意为了家庭而有所改变，扛起属于他们自己的那份责任，但是很多男人把事情想得太美，结婚生子后发现事情没那么简单，便立刻搬出"我只负责工作就好，小孩本来就是妈妈的事"的高论，让妻子躲也无处躲地扛起本该属于两个人做的亲子教育。

有多少男人知道，当他们的妻子正努力适应母职时，自己任性逃避，甚至还毫不在乎地犯下对婚姻承诺毫无诚意的错误，就是在赌妻子的承受能力：她能否在承受生涯转变、看不见原本的自己，对未来也不知从何期待，最重要的是每天睡不好吃不好，造成内分泌失调进而情绪低落等等的情况下，受到丈夫根本不是一个可靠的人还是一个加害者的事实打击时，还能做到带着孩子好好活着，而不是带孩子一起死？

我相信这么做的男人是想得太过简单，因为他比谁都相信为母则强，所以放心地做自己的小男孩，自由自在，无拘无束，像以前抱怨妈妈那样抱怨这个被逼着做他妈妈的妻子。

成为母亲之后我对这些事情的感受力比以前高多了，当然理解能力也是，我深刻感觉到**就算我们在婚前尽量睁大眼睛，能够遇到一起走过风雨的人还是不容易的**，女人在接到母职后需要调适，也有些男人受到一点考验就露出真相来。独自在风雨中奋斗的母亲，我只希望我的文字能让她们知道：你的困难，有人懂得。不要轻易地放弃自己。

|第 14 章|

在婚姻里，也会感觉到爱的匮乏

感觉到自己也被爱得很少的时候，才是爱最难的时
候，因为我们所面临的选择违背了自己的生存本能：拥
有的已经少到不足以让自己安心和满足，还要用那有限
的资源不断付出。

每个人对爱的表达方式都不同。麻烦的是，每个人都不想多做解释，不管是对自己如何表达，还是对自己如何接受。我们总是轻易预设对方应该要懂，所以爱的付出和获得都应该非常流畅，一旦受阻就会觉得遇到挫折，不觉得被爱，也不觉得自己付出的爱被对方好好地接受并且珍惜。

　　只有两个人的时候还好，大不了吵架，有效的吵架也是沟通，大家都把不满说出来，才有彼此理解和重来的可能。但有了孩子之后吵架会变得困难，有太多的事情要做，忙完后有时连吵架都没有力气，看着对方对彼此感情变化那副不知不觉的样子，怕被说"都当爸妈了还想那么多"，就连失望也说不出口了。

　　爱情会因为孩子而更加坚定吗？和朋友圈里充斥的幸福合照相反，在有了孩子之后，爱情会受到严苛的挑战。

　　我还记得在孩子出生的第一年，有一段不算短的时间，我觉得自己的世界里并没有爱情，所有的时间心力都被孩子占据，想到自己是不是有了孩子就不爱另一半，虽然也觉得残忍，但就连洗个澡孩子都会在门外嚎啕大哭的那个阶段，我觉得我连自己都不爱了还能够爱谁。

　　爱自己是需要时间和心力的，不是只在心里想着很爱就能够

满足，还需要有自己的时间，需要花费心思去照顾和满足自己的需求。

但孩子把这样的资源全部占据，为了不让自己总是被失去自我的感受刺痛，于是我麻痹了自己，只专心做一个付出爱的母亲，严格说起来，和伴侣之间的感情变得非常淡。

我在那时最常感觉到的是不满，有时我不满于他作为父亲和我作为母亲的责任和压力会差那么多，他可以做他自己的事情，而我付出所有却还是不够。

但有时也会感到愧疚，那种愧疚感好像是我们之间爱情存在的唯一证据。看着他仿佛被我们母子排拒在外，一个人沉默地转着电视，想象他那样孤单而且对新生活不知所措，我也会觉得不舍和淡淡心酸。

不知道什么时候能把自己找回来，我觉得必须要有做回自己的时间才能再以伴侣的身份付出，在当时我推翻了很多过往对婚姻的想法，比方说我曾经以为婚姻中最可怕的事情是某一方有外遇，现在我才知道，**比外遇更容易发生的，是没有外遇却已在婚姻里变得不爱。**

我也曾经以为最有可能不爱对方的是男人，人们不是总说男人喜新厌旧，到手了就不懂得珍惜吗？我却在当时才发现**自己也有可能变得不爱对方**，对于对方那些渴望爱、想要被爱的眼神和举动，我竟然是觉得疲累，更多的时候是想要逃避。

孩子的诞生会让亲密关系变得如此紧张，那跟我们总是以为的"孩子是爱情的结晶"是如此不同。孩子在不算短的时间内占据父母的全部注意力，如果这时两个人错误地把对方推开，即使孩子长大，终于把时间还给父母，父母之间作为伴侣的那层关系，也可能再也无法修复。

有个男性朋友听我聊起我那段时间的感受——每天耐心都变得很少，觉得跟老公变成两个世界，他说："那我要找个更有耐力的人结婚才行。"他解释这句话的意思是，希望自己未来的伴侣能更坚忍地面对成为母亲的生活，不因为劳累而牺牲和伴侣的关系。我告诉他当然可以把理想伴侣的标准提高，但最后只会是程度的差异。因为无论一个人脾气再好、耐力再强，如果晚上每隔两三个小时就必须起床工作，睡眠断断续续，连对自己都不够好了，对待旁人也一定没办法再像过去那样温柔和从容。

但我也从男性朋友的态度察觉到，这是一种性别不平等，男人很容易抱怨在自己工作忙，累到回家只想倒头睡的时候，还吵着要约会看电影的女友有多么不贴心，反过来当另一半成为母亲，从某个角度来说比任何工作都还要忙累时，却无法转换立场忍受伴侣的冷淡。

也有男人信誓旦旦地说当妈妈哪有那么累，偶尔把孩子交给他一整天时他还可以组队玩网络游戏，好像妈妈会累都是因为自己想得太多、太过完美主义的结果。

只能说父职和母职被评价的标准完全不同，**也有可能对男人来说，从小看着母亲负担起全家的情感劳动，而父亲向来只需要**

顾好工作，所以在他们的认知当中，因为工作忙而疏忽对伴侣的贴心是有正当性的，但是母职，不构成可以冷落家人或伴侣的理由。

小时候看自己爸妈都这样，更会觉得事情好像应该就是如此。有人说男人跟不上女人变化的脚步才总是让人失望，从成为父母之后，男女对彼此的期待和要求看来，确实是一方依然停留在过去，另一方又跑得太快。

能否用耐心等待落后的一方以及落后的那方是想把跑得快的人拉回自己的时代，还是也有诚意努力赶上，或许这是有孩子之后，两个人是否还能相爱下去的关键。

爱是需要补给的，不管是来自自己还是旁人

我们都想付出爱，也需要获得爱，不求回报的爱被称为大爱，而**芸芸众生总是为了小爱而忙**。

缺乏补给的小爱很容易就被掏空，就算有人说爱是一种内心源源不绝的动力。至今为止，我也只在跟孩子的关系中，有过那样全然出于自发的感觉。

对另一个成人就无法放下期待，觉得自己爱对方，对方就该爱我，于是在这种观念下，我在忙碌照顾孩子的那段时间，和伴侣的爱完全是处于缺乏补给的状态。

我一直感觉到对方的索求，可能也是因为无法把他做的事情认为是补给，我不平衡地想着：你像过去一样地生活，有没有我们母子都一样工作，那怎么能说努力工作就是爱我？特别是照顾孩子这件事，我丈夫一开始是完全帮不上忙。

我每天赶时间洗澡吃饭做家务，不断地付出和投入，自己仿佛被分成两半，只有作为母亲的那一半心情踏实。

那时另一半所渴望的东西，不管是陪伴、温柔或鼓励的言语、性生活……都让我感觉自己每天面对着两个讨爱的人，一个是孩子，一个是我曾经期盼在这种时候可以依赖的对象。

对于孩子我不会抱怨，可能也是母性的本能，只要他一个微笑我就觉得情感获得补给，但是对于在我看来，一样过着原本的日子的伴侣，我心有千言万语，只是不知道该怎么去说。

原本的兴趣、习惯、工作和生活都被改变，有限的时间又全部投入家庭，难道你看不出我已经一无所有，还能再给你什么呢？**我在那时强烈地感觉到爱情的匮乏，不只是不像过去那样爱着对方，也觉得没有人像过去那样爱我。**

所有人都只关心孩子有没有受到良好的照顾，挑剔妈妈为什么不能做得再更细致一点，我好像是一个抽象的、被普遍称为母亲的影子，被时刻用放大镜检查的名叫妈妈的员工，而我自己是否快乐，身体状况还能否负荷，好像就在"孩子快乐就是妈妈的快乐"的预设下，变成不需要关心或讨论的事情。

另一个男性朋友跟我说，他觉得这并不公平，因为男人没办法成为母亲，就好像背负"原罪"，他再怎么努力付出也不如妻子，就被认为没有抱怨的资格。

但是拥有抱怨的资格就会比较快乐吗？我想答案是否定的。在亲密关系里如果想要打败另一个人，渴望任何形式的获胜，那就像我跟朋友开玩笑时常说的一句话，"伤敌一千，自损八百"。表面上的胜利破坏的是实质的幸福。

重要的是知道自己想要什么，有的人说真的并不在乎丈夫做到多少，而只要他能提供经济稳定的生活，还有家庭里要有个孩子。但我难以放下对心灵相契的渴望，从交往到结婚，我想要的一直都是和另外一个人，在这变化无常的世界里有彼此陪伴的感觉。有了孩子我们当然还是一起生活，但陪伴的感觉却变得起起伏伏了。

回到抱怨这件事情吧！

孩子的出生让我从里到外地做了一番改变，我在努力适应时感到强烈的不安，没有人告诉过我成为母亲后原本的自己可能会消失，身材、外貌、生活方式以及被疲倦磨得尖锐的性格都让我感到陌生，我也不由得要想，对方的抱怨是出于他爱我，还是只是想念过去的生活。

我们明明是一样的，想念那些已经不会重来的部分，曾经的两人世界，还有身上没有父母责任时的自由和轻盈。

说出口的抱怨和内心真实的感受隔了一层，抱怨只有一种色彩，而内在其实是感到矛盾的，我不是完全讨厌新的角色，有时候也能享受母职，但失去自我的感受有时会使自己隐隐作痛。

我不敢承认自己对这样的生活有所不满，怀疑那是否就表示自己"母亲失格"。我以为一个有爱的母亲总是快乐着，而看着丈夫就会感到不平衡，是因为相对于我的忍耐，他并不会对新的不快乐保持沉默。

到后来我才觉得这种"不沉默"也是一件好事，在我因为作为母亲而自觉所有的负面情绪都应该压抑的时候，我们还有一个人能诚实说出心中所想，他像镜子一样映照出那个失落的我，我所不敢说、不敢抱怨的事情，他都代替我说了出来。

虽然看起来是很容易引起冲突的沟通，总是会让人想说："你以为只有你不开心吗？累的是我，你有资格说什么？"但或许又是那最初浮现的一点点心疼，对于自己已经无力去帮助他适应改变的一点点愧疚，还是让我收回了这样攻击性的话语，只是淡淡地说："我也一样累。"

爱的匮乏不会是单方面的，在一方觉得自己因为孩子而失去爱的时候，另一方的心情也是一样的。

孩子把两个人的生活绑得更紧，却可能拉远了心灵的距离

在一个孩子到来，改变原本的生活和互动型态之后，所有的

时间和心力都要重新分配，这对一个没有后援，也没有经济能力去寻找外部帮手的小家庭来说，会让丈夫觉得自己原本能够得到的关爱被剥夺。妻子因为成为母亲，更像是除了不断付出的义务以外一无所有。

我在当时感受到的爱的匮乏，另一半就像镜子一样忠实地加以反映，他的孤单和情绪像是对我的指责，却也像是在转述我心里的困惑和失落。

"为什么有了孩子就没有我？""我不再重要了吗？""从此以后我都要只负责爱别人而不能要求被爱吗？"

停止追究"谁才有说这种话的资格"之后，我才发现我们竟然已经如此亲密，不是表面上看来温馨幸福的那种亲密，而是距离已经近到你不快乐、我不快乐。为人父母赋予了我们人生中最重要的角色，进一步影响了我们的关系，在共同负担一个小生命的责任下，就算各忙各的，也还是很难做到对个人的快乐"各自负责"。

打从内心想关心彼此的夫妻很难跟对方保持距离，情绪总是互相传染，又因为无法明确地提出"现在的转变是谁的问题"而从某一方下手解决，任何一方感受到的空缺，都是双方共同的失落。

孩子会像一条线一样把两人的生活拉近，但不能决定两个人的心灵距离，如果只看见孩子的需要而忽略对方，或许能让一天的待办事项减少，两个人曾是亲密伴侣的关系却会产生质变，从平等互惠，转变成一个母亲在照顾一个大人和一个孩子，又或者一个父亲始终缺席，真正存在于家庭中的只有孩子和母亲。

在感觉到自己也被爱得很少的时候，才是爱最难的时候，因为我们所面临的选择违背了自己的生存本能：拥有的已经少到不足以让自己安心和满足，还要用那有限的拥有不断付出。自己的内心正感到荒芜，却必须要照顾另一个人的内心，明明觉得自己才是缺爱的一方，却在双方的关系中被索取爱索取到无处躲藏。

我那时想起了一句话，"爱人如爱己"，要像关爱自己一样关爱他人。我想那并不单纯指的是给予自己多少时间和物质资源，就给予对方同等的量，还包括因为能理解自己的种种感受，所以能在对方有类似感受的时候辨识出来，像疗愈自己那样努力地疗愈对方。我却也忍不住感叹，即使是对于最亲密的人，已经因为孩子，彼此的人生都被紧密连结在一起的另一半，要做到爱人如爱己，还是好难好难。

在变成父亲之前，男人被允许先当长子

我常看见网络上有人把丈夫称呼为长子，就是在这个阶段，家有幼儿，却又时常感觉到丈夫是一个长不大的小孩。他加入了幼儿索取爱的行列，每个正确行为都需要大量的鼓励，责备他时

又要特别谨慎小心，否则他就会因为生活缺乏成就感而明里暗里想要逃离。

彼此幽默一下或许是一种纾解压力的方式，但是在玩笑背后是女性无法直言的失落，两个大人，原本是平等而亲密的关系，后来却变成照顾与被照顾，可靠的好像只有自己。

曾经可靠的那个对象，在各种"男人本来就是比较晚开始学当爸爸""有帮忙就不错了"的主流论述里获得保护（帮忙这个词，也预设了所谓亲职就是母职），于是丈夫可以选择长大或不要长大，偶尔当一下孩子王就安心地认为自己尽到了父亲的责任。

想要幽默一点看待两个人处境的差异，却还是怀念过去有接受照顾的感觉，就像对于"长子"会觉得应该要多一点包容，内心还是期望他有一天会长大，真正成为能够照顾家庭的可靠肩膀。

夫妻之间的抱怨或挖苦，都是掩饰内在是不能明说的害怕和纠结。觉得作为"好父母"就不该有想要逃避的念头，但是那些想法和感受又确实存在。许多冲突因此而起，是因为自己想休息又不敢说，看到另一半在休息，就忍不住用言语、表情或态度，指责正在休息的对方"太厚脸皮"。

我觉得新手父母的阶段是最困难的。**乍看之下是两个大人学习照顾一个小孩，其实是三个不同成长阶段的孩子在努力学习共同生活，没有一个人是完全的大人。**

在这种时候特别需要学习正确的付出和表达，还包括认识自己内心的阴暗，对对方的嫉妒让我们以为，在这个家庭里的幸福快乐都只有一份，我们需要彼此争夺。对彼此有益的真诚其实并不是指控对方的错处，而是承认自己有想要被爱和被照顾的需求，不用母亲或父亲的角色去化约自己和对方。

那是一段很容易感受到爱的匮乏的时期，而我已经忘记了自己怎么走过那一段，只记得白天照顾孩子，深夜用写作和眼泪抚平自己内心的伤，我努力做一个能够付出爱的人而心里其实呐喊着"谁来爱我"，还算庆幸的是我克制住了指责对方的冲动。

或许是写作帮助我接受了自己的脆弱，透过写作所记录下来的事情，一层一层去往下挖掘的习惯，也让我看见了对方的脆弱，**我发现爱的匮乏感是双方共有的，而想尽力避免因为这种感受而彼此攻击。**

在爱情和婚姻里人还是要对自己的快乐负责，但这不表示停止对对方有所期待，不求回报的爱真的太难，我们只能学习在努力照顾自己的同时，克制住想指责对方哪些事情没有做好的冲动。正确的向对方传达自己的需求，也尽可能地听出对方的真心。

幸福不是某种现成的、可以被拥有的东西，不因为结了婚、有了孩子而获得保证，现实就和我们相信的童话相反，结婚成家以后，会因为更多的压力和责任，让人总是不由自主想念起过去单身时的轻盈和自由。

必须要一直这样提醒自己，结婚是为了追求共同的幸福，不是个人的满足，不能只为自己负责，也要承担对方。

其实关键的是相爱，不是一套标准化的分工

为人父母会增加很多沟通的障碍，想到自己都已经是爸爸妈妈了，就会有更多心情说不出口，忙碌也让人很容易就能逃避真实的自我，许多人在被工作和育儿占满的生活中先是失去自己，接着就失去在心里为另一半保留的位置。

只具有分工功能的婚姻和家庭都徒具形式，一个真实的、能给人温暖和安全的家，在内部应该有爱的流动。然而却有许多夫妻因为没有成功克服初为人父、人母的挑战，让亲密关系变成相对无语、一开口就引爆冲突的沉默。

我们受到"我们应该要相爱"的想法所束缚，一旦感觉事情不是如此，恐惧就让我们说不出话来，只能用不着边际的言语和态度来表达，指责对方这件事情为什么这样，那件事情又为什么那样，而没有办法说出真正的问题和困难。

表面上的问题总是分工不均，纠结于为什么你有一小时时间休息而我没有，但更深层的问题总是牵涉到情感和心理距离：

我觉得你不爱我。

我害怕你不爱我。

我不想一个人承受这些。

我担心我们正在各过各的生活。

夫妻之间一旦因为这些心情难以启齿，习惯了彼此背过身去，就会开始向别人抱怨而不是对彼此诚实。

我学到在亲密关系里，我们必须先对自己诚实，接着用不带指责的态度和对方沟通，必须保护对方的自尊，才有可能获得对方的理解和尊重。

那种被接纳的感受是我们在婚姻里想要的，至少是我们选择和对方在一起的理由，但却时常被自己的误解绑住，以为误会、疏远、冷漠、不安、嫉妒、缺爱等感受都是恋爱中才有的烦恼，结婚之后若是有这种感受，我们应该要觉得羞耻而将之隐藏。

实际上即使结婚、为人父母后，**爱情的烦恼我们一样也少不了，只是这样的烦恼不能轻易公开，真是连对自己都很难做到诚实。**

社会对为人父母者所贴上的标签，让我们对谁都不能真正的开诚布公，坦承自己的婚姻里有悲伤、压力、恐惧和嫉妒，不然我们马上就会被怀疑是不称职的父母、可能会因为感情关系而伤害儿女。为了不受到这种压力，种种负面的情绪我们都不能跟别人说。

在两性关系中有些警讯是另一半应该要知道的，我们也会因为父母的角色束缚，而觉得不敢开口。

然而不能表达真实自我，我们就会像是一个屋檐下的陌生人，一个组织里的两个员工，只是共同完成生活的各项任务。在内心深处我们始终明白，这样下去等到孩子长大，我们就会失去跟对方在一起的理由。

爱的匮乏是一种感觉，却绝对不是用"不要这样想"就可以打发、轻视的问题，理智可以控制我们不做什么，却没有办法控制我们该有什么感受。

婚姻中容易引发冲突的是家务、教养观念、两代之间、金钱分配、性生活等问题，没有办法就事论事，就是因为重点其实不在事情本身，也没有一套放诸四海皆准的分工模式，能够保证只要按表操课，双方就都能够感到幸福。

问题总是在于这些事情引起了缺爱的感觉。**只要觉得对方不爱自己，那个愿意讨论或折衷让步的自己就会消失，剩下只想捍卫界线、深怕再度蒙受损失的自我。**

感觉到自己被爱的人更愿意付出，觉得自己不被爱的人就算吝啬也合情合理，我觉得必须要提醒自己的是，同样的想法和效应也会发生在对方身上，所以**在两性关系中，永远都要有人先表达出善意，勇敢向前跨出一步。**

两个同样害怕向对方坦承，只会旁敲侧击，却又苦于对方接收不到自己信息的人，不是陷入无限的指责循环，就是变得死心冷漠。看到别人分工其实也没有那么"公平"，或者没有那么仔细，却还是能够温柔相待，才会知道问题从来不在于公平于否，而是失去了相爱的感觉，才让人想要退而求其次争取公平。

公平与否又往往是自由心证，就像相爱的夫妻多半不介意自己多做一些，即使客观上并非等量的付出，也不会有不公平的感觉。怀疑自己是否被爱的夫妻却总是觉得不公平，在各种无法量化计算的事项上，觉得自己牺牲较多而感到委屈。

结了婚、有了孩子以后，相爱的感觉依然无比重要，对感情的经营，也就是那些该做些什么才能让自己和对方都能感受被爱的事情，也不能因为"夫妻都是这样""都有小孩了还想那些做什么"而变得消极。

在时间和心力都变得有限的情况下，我们必须努力了解自己，也付出同样的努力去了解对方。

问题时常是出在自己的内心，而不是这个人是对的或错的。

我在有孩子之后才意识到自己并没有准备好面对真实的亲密，那种亲密不是两个人紧黏在一起没有秘密那种亲密，而是在说两个人的距离无比接近，所以只要一点疏忽，就会让彼此同时受伤。

有一句话不管是单身或结婚同样适用："**爱，是在别人的需要里看见自己的责任。**"我在面对孩子时对这句话有深刻的体悟，在面对和自己同样变成父母、要共同面对这个挑战的另一半，也渐渐觉得要看见对方的需要，并且觉悟到自己责无旁贷。

先付出爱不是一件容易的事情，先表达出善意也是，但是如果自己不这么做，对方也只会在墙的另一头消极等待。作为先察觉到问题的人，我愿意当先付出的那一方，这里的付出不是无条件的满足对方或代为承担责任，而是向对方坦承自己内心的想法，也关怀对方的内心。

当两人之间开启了真正的沟通，哪怕不是解决任何现实的问题而只是分享感受，爱的流动似乎也重新开始，渐渐地，双方终于不再那么感觉到爱的匮乏。

|第 15 章|
对孩子发怒就转身离去的伴侣

教养孩子是困难的功课，和另一个人一起教养孩子
更是困难，因为那不只牵涉到我们对孩子、对自己的理
解，还包括在负担已经很沉重的时候，还要再去努力理
解第三个人。

和许久不见的朋友聊天，她最近的苦恼，是丈夫没办法对两岁的孩子保持耐心。更具体地说，他根本是把两岁孩子当成十二岁孩子来期待，一旦孩子没有办法乖乖坐好、吃饭、遵守和父母的约定，他就会大吼大叫然后离开现场，留下同样也被孩子闹到理智快要断线，只是勉强自己克制的妈妈。

　　我实在很难将现在的他和婚前朋友对他的认识连在一起，以前的印象就是脸书上两人出游的快乐合照，时不时秀恩爱让大家羡慕的一对夫妻。现在听她这么说，也觉得难怪脸书上好久没看见她老公，好像从孩子出生后就神秘失踪，比较起来，会来帮忙带孩子的婆婆和朋友的妈妈，几乎取代了另一半变成脸书上时常出现的角色。

　　我问如果重新来过，还会选择生小孩吗？朋友叹口气说应该还是会，因为她很爱这个孩子。虽然家庭妇女的生活只能用兵荒马乱来形容，但不会后悔生下宝宝，只是如果可以选择，就不会选择现在这个老公了。

　　虽然自始至终她都保持微笑，幽默地说："儿子大概被老公当作情敌了吧！"但同为母亲我懂她没有说出口的淡淡幽怨，孩子出生后，如果一天有百分之五十的时间是在闹脾气、讲不听、听不懂（其实还算是这阶段孩子的正常状况），她作为妈妈在那段时间无处可躲，只花了一天百分之五的时间和孩子共处的丈夫，却有一半时间是在生气吼叫，另一半时间是直接离开现场，很难让人觉得公平。

那让我想起亚莉·霍希尔德在《第二轮班》里讨论过的，有些孩子的爸爸因为清楚知道妈妈会在现场，就会放心地采取他所谓的"军事训练"，**许多爸爸认定孩子需要以更严厉、不回应哭闹的方式教养才能"锻炼他的心智"**，于是下意识地选择了用这种无法建立亲密感的方式与孩子相处。

能够安心地这么做，也是因为知道妻子在场，孩子的母亲会用温暖和安慰的方式对待被自己弄到哇哇大哭、心灵受伤的孩子。

作者语带暗示地表示："既然爸爸对待小孩的手法比较粗暴，妈妈不会放心让小孩跟爸爸有更多时间在一起。"换言之，除了前述的理由以外，这种方式也确保了爸爸只需要负担较少的育儿时间，孩子会因为害怕爸爸而随时都去找妈妈，妈妈忙不过来时，爸爸两手一摊表示"是他不要我"的态度就更为理直气壮。

这样想真的很令人生气，这些无论有意还是无意，都让妈妈负担最重的担子的另一半，但更进一步细想又何止我的朋友是如此，我自己的家庭，也有程度较轻微但类似的状况。

不曾被父亲温柔对待过的男孩，长大后不知道该如何对孩子温柔

和同是新手爸妈的我比较起来，丈夫似乎就是不知道怎么赢得孩子的心。虽然在我看来他已经十足努力，他买玩具、陪孩子玩、用夸张的表情想逗孩子笑，但孩子就是不那么买账，跟爸爸独处时虽然表现得比较乖巧，却也很明显是在"等妈妈回来"。

爸爸变成一个替代方案，如果可以孩子更喜欢跟妈妈在一起，妈妈不容易生气，生气时也不那么令人害怕。我几乎可以听见孩子的心声，对于感叹自己不被孩子偏爱的另一半，也有种无从责怪起的无奈。

爸爸和孩子在一起时时常被惹生气，我觉得有一种可能，就是他无法表现生气以外的情感。我曾经看过一种说法，在强调男子气概的性别教育下，对男人来说，从小到大被允许流露出的情感只有一种，就是愤怒。

其余的如挫折、哀伤、不安、焦虑、恐惧，等等，都会被要求掩饰或压抑，只能转而用愤怒的方式呈现。比较起来女人被允许表达出更多样的情绪，于是无论从成人还是孩子的眼光来看，男人的情绪往往就只表现为生气和没生气。

但那不过只是表象，人天生就有各种情绪，男人只被允许表达怒气是因为愤怒让他们显得强悍，而其他情感则会让他们显得脆弱。

于是爸爸也用同样的方式和孩子相处，在孩子让他感到受挫时不会表达具体哪里不舒服，而是大吼或者用力关门，孩子不知道自己引发的是受伤的感受而只觉得爸爸在生气，久而久之，在面对爸爸的时候，他克制自己不要有脱序行为，这不是因为同理心，而是因为恐惧。

另一种可能是因为我的温柔教养，让先生觉得孩子需要受到更多的锻炼，应该要像他一样"男儿有泪不轻弹"，不能总是跟妈妈撒娇或哭哭啼啼。

总之，父亲的严厉有可能是他只知道用这种方式表现自己，也只知道用这种方式教养孩子，尽管现在性别角色的界线已经有些许松动，人因为受到自己从小接受的教养而被形塑，行为上不会有明显的改变。但我在他身上也看见一种矛盾，一方面他羡慕我和孩子之间可以那样亲密，但是当孩子对他撒娇时，他又不自觉板起脸，觉得自己必须扮演更牢不可破的规范，必须对孩子严格。

作为母亲而且是渴望自己和孩子亲密依附的母亲，我是不是在助长丈夫扮演一种他心里认为应当的强悍角色？就像温柔是一种需要耐力和坚忍才能做到的选择，不温柔，是不是也是丈夫压抑了心里对亲密的渴望，为了和我达成平衡所做出的选择？

在更具体的细节上，如果我不在场，他是不是就会收敛脾气，因为知道孩子除了他，没有其他能够获取安全和温暖的对象？

我记得在我工作的那段时间，晚上让孩子和他爸爸独处，打开家门后父子俩气氛一片平和。确实，他比我在场时更能忍住不发火，就好像大吼大叫也需要观众，当现场只有两个演员而台下一片空荡，爸爸生气、吼叫、孩子大哭的悲剧循环也就演不下去了。

但那平和的气氛却隐隐有些压抑，我的登场就像有人掀开压力锅的盖子，在门外我还听见先生耐着性子回答孩子的问题，我一进门，他的表情登时就垮了下来。

那不是因为他故意想要气我或者抱怨我工作太晚，而是因为他一直在忍耐孩子造成的压力和烦闷，等我一回来，他的情感松懈，无论有意识或无意识，他需要也想要让我知道，和孩子独处让他相当辛苦。

这好像又不是教养观念的问题了，而是夫妻之间，用什么方式表达烦闷的问题。但也证明了他确实可以对孩子更温柔一点，只要他觉得有必要，所以即使受到"必须有人扮黑脸"的观念束缚，他也有包容孩子的潜能。

我知道他其实做得到之后，就一直鼓励他这么做，提醒他我们可以不同于自己的原生家庭，作为其伴侣的我也接纳他坦承自己的脆弱或挫折，反而是什么情绪都用愤怒来包装，才会让我感到难以忍受。

我们都受到自己从小接受的教养方式以及父母展现出来的性

别角色的强力束缚，**和女孩相比，只有极端少数的男孩在成长过程中有被父亲温柔对待的记忆。**

我曾经对动不动就生气大吼的丈夫感到厌烦，也感到自己的愤怒被唤醒，但是当我拥抱着自己的孩子，想象着当丈夫在他这么小的时候，受到的可能是截然不同的待遇，因为是男孩，或许为了接受强悍式教育，他想哭时不会被拥抱，反而会被斥责甚至打一顿再关进房间里，我突然也就理解了问题的症结。

这点让我克制住自己不去斥责先生，在和他讨论这件事情的时候，也不只是单纯地告诉他，现代教育的精神不是"不打不成器"，而是把焦点放在我们童年时所受到的教养上，引以为戒，我提醒丈夫："我们其实可以和过去不同。"

比起被单方面的斥责，人可能更愿意被鼓励或引导，总之虽然改变并不像说起来那么快速简单，但是在我不断地描述，我们的亲子关系可以有哪些不同时，向往成为和过去不一样的父子，先生对孩子的教养方式，似乎也逐渐地改变了。

教养观念可以彼此互补，关键是两个人要"在一起"

我能够对丈夫做到这种程度的理解，忍住斥责丈夫不要那么凶的冲动，冷静地思考怎么跟他沟通，是因为我有全职照顾孩子的经验，知道我们只是表达情绪的方式不同，也知道单独照顾孩子的时候，本来就很难没有情绪。

照顾孩子是喜悦和疲惫不断交错的事情，在孩子开始有自己的意见却无法沟通，大脑还未成熟做不到忍耐之前，主要照顾者更是疲惫和烦躁的情况居多，能够把和孩子独处的时光描绘得尽是一片祥和美好的人，一天多半只花费非常少的时间在育儿。如果可以在有空的时间、可以选择的时段才跟小孩在一起，即便是换尿布、洗澡这类琐事，都可以让人单纯地感受到育儿的喜悦。

对于生活忙碌，时间上没有弹性的父母来说，带小孩就辛苦多了。

而夫妻感情会因为育儿多少受到些考验，虽然也有人说，是受到两人的教养方式是否一致的影响。我也认为频繁地为了教养方式而争执，确实是很伤害感情，但很多例子都让我觉得，教养方式是否同调，还真不是会影响感情的关键。

每个人对于亲职教育的想象本来就不同。多的是比较严格的父亲或母亲，搭配另一个管教方式相对松散的伴侣，孩子也会知道爸爸跟妈妈"不一样"，没有人是一样的，而自然地发展出应对不同性格的人的方式。

真的会伤害夫妻感情的，是在遭遇教养的各种辛苦和困难时，两个人是否依然"在一起"。

我能够和丈夫好好沟通，是因为先生很少在对孩子发怒后径自拂袖而去，在他斥责孩子时，虽然我会对当下紧绷的气氛感到困扰，但因为他仍然在现场，我会觉得我们只是解决问题的方式不同，他依然和我共同面对问题。

但朋友的丈夫会在生气后头也不回地离去，一消失就是几个小时，对于事后朋友想要讨论刚才的处置时又会遭到拒绝。我想象着朋友既是妻子也是母亲的心情，心里明白在那样的时刻，无论曾经和丈夫有过多么热烈的爱情，都会瞬间心寒。

孩子是我一个人的吗？孩子惹人生气的时候，只有你生气而我不生气吗？对孩子脸上显而易见的恐惧不安，感到心疼的只有我吗？

可能连这些问句都没有机会说出口，就被一句"都是你宠出来的"堵住了嘴巴，做父亲的可以撤离现场是因为知道妻子不会丢下孩子，可以放心孩子有人照顾，这种想法只是顾到了孩子的安全，却彻底忽视了妻子的心情。

不管是父亲还是母亲，都会对不讲道理的孩子生气，合理的生气和单方面发泄情绪的界线也相当模糊，在被孩子气到说不出话来时会想要恫吓，想要快速结束这一切，甚至想要逃离暴风圈，这种心情任谁都可以理解，但是夫妻必须要理解对方并互相协助，而不是一方自顾自地离开，让另一个人承受两个人的压力。

每个人都应该要有能够宣泄压力的时候，像是火山和地震的"正常能量释放"，总是只有某一方可以发泄而另一方被迫忍耐，这对婚姻关系的伤害，长期下来也是不容小觑的。

因为被单独留在某一个困难的情境里，是很孤独的事情，而且"总是"只有自己被留在这样的情境当中，做妻子的很难不怀疑婚姻誓言里的不离不弃去哪了：就因为孩子每次让你抓狂，你就离弃我们母子，让我们母子在客厅里、马路上，甚至是大雨里？

我很好奇有多少男人知道自己正在付出的代价和收获不成比例，如果他们确信自己的教官角色对孩子有益，而且还是一个发完脾气、做出教训之后就径自离开的教官。

他们把扮演辅导老师的任务交给妈妈，问题不在于这样的分工对或不对，而是这究竟是出于对理想的父亲角色的想象，还是事实真相就像妻子感受到的那样，只是想把一切困难都丢给妈妈来处理。

自己的情绪爆发完了，孩子的心里可能留下伤痕，还把妻子一个人留在压力锅里，能不能因此磨练出孩子强悍的心智还未可知，让妻子觉得自己嫁的人原来根本不能同甘共苦，而是遇到困难和麻烦就会逃避。

当另一半变成冷漠又情绪化的父亲

会用严厉、保持距离的方式管教孩子的人，有的深信自己的教养方式才是"又快又好"，也有的并不明显崇拜军事教育，却仍然对自己的教养方式感到自豪。

"我也是被这样带大的，还不是好好的？"这句话反映的是他并非喜欢或推崇某种方式，但被父亲用这种方式教养长大的他，也想象不出有用其他方式扮演父亲的可能。

和爸爸不亲没什么大不了的，自己以前也是这样走过来的，会这么做的男人就像选择性失忆，忘记自己曾经受过的伤害，用肯定当年父亲那保持距离的教养，间接肯定了自己"因而成为男子汉"的想象。

但我仔细想总觉得这当中有他们自己无从察觉的问题，**要养育孩子成为坚强的大人，从不表示一定要和孩子变得冷淡疏离，**那自认为自己在做对的事——弥补妻子的过度宠溺、加强孩子需要的男子汉磨练。那么疑问来了，这样的男人究竟是用这样的理由赋予自己正当性，还是从未想象并且练习——用另一种方式沟通和表达怒气？

朋友问我怎么让丈夫改掉生气时大骂、甩门的习惯，因为我们家也曾有这样的问题，在不断地磨合修正后现在的他就是生气时臭脸，但不会大骂、甩门。我仔细想想前提应该是先生还算是能够沟通的人，具体的做法是：尽管很难，很累，我还是尝试去了解他的内心。

没有办法让孩子听话，让你很挫败吧。但那不表示你做的不好，只是孩子还没到听话的阶段而已。针对比起抽象更喜欢数据的丈夫，我说了好几个关于脑科学对于孩童心理发展的所做的研究和证据。我对丈夫说："如果可以调整一下，孩子会跟你更亲一点，比你小时候跟爸爸的关系好更多，我觉得我们都可以做到比过去的家庭模式更好，化解过去的遗憾。"

要找到安慰他的方式其实并不会很难，只要换位思考下自己在孩子不听话，被惹得很烦，怀疑"自己是不是个好妈妈"的时候，渴望的是哪一种安慰就可以了。

比较困难的是在我丈夫的行为让我自己生气愤怒时，我还要提醒自己去安慰他而不是骂他或争执，就好像被别人用言语攻击，还要忍着难受，去对对方说："你一定很不舒服吧！"显然，这违背了我们的直觉和平常思考的逻辑。

自己觉得不快乐还要关心对方是否快乐，自己觉得孤单时还要担心对方是否孤独一人，身而为人我们很自然地把自己摆在前面，但要突破沟通上的僵局，却需要我们反其道而行。

有时我也会给他一点压力，印象中我说过最重的话，是写信说的："我不希望我的孩子学会生气时就是大吼大叫、乱摔东西的坏习惯！"

虽然当下没有这种感觉，事后跟好友聊到时，好友说："你不就是在威胁他不改就要离婚吗？"但我只觉得自己在陈述事实，可能继续恶化下去确实会离婚，但没有这样想也没有这样说，也就冲淡了这句话的恐吓意味。

也还好因为我没有这种想法所以并未把离婚说出口，有些重话，我们说出口时只是期待它有效，能够带来自己想要的改变，但没想到会带来恶化而且负面的结果，"不然就是离婚"这句话就暗含其中。

我说过的另一句话好像是："如果在家里你生气时就可以怒吼摔东西，那我应该也要可以！"

这句话或许唤起另一半对理想家庭和伴侣的想象，他确实就是喜欢一个跟他不同的人，生气的时候不会口不择言，争吵也不会太过激烈，但我想让他知道，再这样下去，他会把我变得跟他一样，而他还来得及选择。

回想这些软硬兼施的沟通，能够发挥效用其实都取决于一个前提——他是对妻子平等尊重、冷静下来也还算能好好对话的伴侣。孩子对父亲逐渐软化的态度也有所察觉，便给他比较亲密、让他觉得还算值得的回应。

"现在的辛苦，也有可能是过渡期吧。"我这样安慰朋友。

就算不拿出浑身解数（对我来说就是所有社会学的训练、对心理学的研究和兴趣）来理解对方、找到重点和对方沟通，也有可能在孩子逐渐长大，到三四岁自制力更加强时，这种每天都要上演的家庭风暴就会自动解除。

我也可以理解那种"必须要尽快解决问题"的担忧，因为作为妻子和孩子的母亲，当另一半用这种态度对待孩子，我们不只担忧孩子的心理阴影，担忧孩子学到处理情绪的负面榜样，更担忧再这样下去，夫妻的感情将会无法挽回。

怀疑丈夫究竟爱不爱孩子的时候，也会怀疑丈夫究竟还爱不

爱自己。

如果这是爱，这种爱未免也太任性、太自私了一点：把人留在暴风中心，让她一个人去克服要同时压抑脾气和耐心教导孩子的困难。

那是一种把妻子的心情从伴侣的爱、男女之间互惠互助的爱，强制升级到"母爱"的举动，因为生气时会吼叫、摔东西、甩头就走的伴侣，和遇到挫折就会坐在地上踢脚尖叫的孩子几乎没有不同。

想到自己在包容孩子的同时还要包容长不大的另一半，但孩子会长大，伴侣却似乎不会改变，作为妻子所感受到的绝望可以想象，夫妻之间曾有的浪漫和觉得对方可靠的感觉都会变成过去。

因为任性而被看成长子的男人，要知道凡事都有代价

如果男人确实希望被自己的妻子完全地包容，自己却不想做任何的改变，那就要承受不被看成伴侣而是长子的代价。

一旦妻子变成家里每一个人的母亲（而不仅限于面对孩子），这种系统更新并不能取消重来，彼此会慢慢失去异性相吸的魅力，多数男人在婚姻中始终想要的性生活，也会因此而变得冷淡。

对于已经无意识地把丈夫看成另一个孩子，不这么做就无法忍耐他的脾气的妻子来说，丈夫是完全没有性魅力的。如果在教养育儿已经够忙碌的生活中，丈夫还只会捣乱，吵着要妻子多一点关爱和配合，夫妻之间的性生活也会被妻子看成是另一个孩子在任性地索取关爱。

虽然也有人说，女人要用母爱看待另一半对性的需求，我猜是因为不唤醒自己内心最不求回报的爱，就无法忍耐在自己没有需求的时候，还被要求满足对方。但女人也有渴望被爱、渴望受呵护的时候。对于不但没有保护自己，而总是在育儿生活最辛苦的时候要自己自立自强的丈夫，妻子如果真的要对其发挥母爱，应该会有惩罚他的冲动，而不会想要满足他的愿望。

就像用取消奖励来惩罚不听话的孩子。有的妻子甚至直接把做哪些事才能换一次性爱，像奖励制度那样的公布给丈夫。更多的情况则是，妻子觉得既然"你不体谅我，我也不用体谅你"，因此直接取消性生活，当然也有人会勉强自己配合，但因为看待丈夫的眼光改变，难以享受性的欢愉。

该安慰朋友"等孩子再大一点就会好了"，还是建议"要赶快解决问题"，我有点犹豫。因为作为外人我并不知道他们的情感存折有多厚，每段婚姻对于外人来说都是秘密，甚至对于当事人也一样。

你永远不知道你的枕边人消耗了多少过去存下的感情货币，像在撕下日历那样一页接着一页变薄，当一切归零时就要转身离去。

我们不知道对方对自己累积了多少失望，也不知道自己对对方的失望能承受多少和多久，唯一可以确定的是，当每一次感觉到自己被独自留在某个困境当中时，我们就感到失望，对感情、对当初选择这个人做另一半、做自己孩子的父母感到懊悔。

教养方式不一定要同调但不能失去某种平衡，那种平衡不是简单的一个扮黑脸一个扮白脸，好像一个人越黑另一个人就要越白，而是有着不同的特色但都能稍微向对方靠拢，带着对自己做不到的事情的一点欣赏，然而当两者的差异大到超过某个范围时，就要赶快努力拉近距离。

最重要的是还要顾及另一半的心情，不要以为教养只是亲子之间的事，而无关于夫妻关系。遇到困难就表现出不关他的事，把母职无限上纲到"孩子本来就是妈妈一个人的责任"的丈夫，会在他们自己也不知道的时候，用牺牲婚姻幸福作为这种"相对自由"的代价。

"一开始就不该找这种人结婚"，这种话没有意义

教养孩子是困难的功课，和另一个人一起教养孩子更是困难，因为那不只牵涉到我们对孩子、对自己的理解，还包括在负担已经很沉重的时候，还要再去努力理解第三个人。

我曾经在气得又累又烦时躲回房间，惊讶地发现丈夫并不是没有温柔的潜力，他能够在我烦到脱离现场的时候代替我安慰孩子，有可能是过去他以为不需要，以为温柔的角色已经完全被母亲夺走，而作为父亲的温柔就对他越来越陌生。

即便是偶尔地退出育儿战场让他知道"老婆也有极限"，不是永远都能做到耐心地独自面对不讲理的孩子，对彼此的互相了解也会有帮助。对发脾气的丈夫说："你干嘛这样啊，孩子又还小听不懂！"这反而会让他觉得妻子只会站在孩子那边，而无法理解他的愤怒和失控。

然后，他就会更因为想要抗拒孤军奋战的感受，认定这个家只有自己懂得甚么叫做纪律，而变本加厉，更严格地对待孩子。

有的人永远站在原地表现出愤怒或委屈，等待别人来理解他，好像他内心也有一个极为柔软的痛处，是他自己不敢也不想去揭开的。

我不知道怎么卸下这种人的自我防备的武装，在问题发生时，"必须做点什么"的想法，也让我很快地就想到"为什么努力解决问题的又是我"而觉得心里委屈。

但亲密关系的问题就好像两个人在对打桌球，拍过来拍过去，问题只会来来去去但不会消失，当对方似乎永远不可能理解，好像也从来不曾想过，转身离去会让另一半多么孤单的时候，除了自己，好像也没有别人能代为打破僵局。

我丈夫曾经在生气时对我说："我就是没办法和你一样！"

这让我突然体会到他的挫败，作为父亲他不是不想要做得更好，但孩子的反应、我对他教养方式的不能认同，好像都在指责他不够努力。

想象着因为挫败而躲起来的他心里有多么孤单，被我们母子排拒在外，而那明明是我也能够理解的感受，我们都想要当很好的父母，但孩子的回应却往往跟预期不同。

"我们一起努力，好不好？"在孩子还小，让我最感辛苦的那段时间，我曾经无比渴望另一半这样安慰我，但后来我逐渐明白，**有时候最想要听见的那句话，必须自己先说。**

必须像鼓励自己那样鼓励别人，像努力理解自己那样，努力地理解对方，只要两个人一起一定会有更好的方法，就算不知道该怎么做，也可以一起等待孩子的风暴期赶快过去。

有了孩子之后婚姻确实会变得困难，因为比起过去在外各自努力，回到家里就放松的阶段，孩子给我们带来共同的难题。但也是在这种时候，**婚姻呈现出真实的面貌，因为性、激情、物质条件而结合的关系难以长久，彼此愿意好好沟通、放下身段去维护一个"共同体"的诚意，才能决定婚姻关系的质量和存续。**

对对方可能让我们默默离去的行为要保持警觉，提醒对方，但不是攻击。因为我们每个人都有所不足，人总有缺陷，我们不能在对方做出让自己不舒服的行为时，全理解为恶意的。

这种时候可能要唤起选择这个人共度一生的初衷了，相信这个人没有那个意思、也没有企图要伤害自己，伤害之所以造成是因为一方想做好却没能力做好，是否能够这样想，则取决于对自己伴侣的信任和信心。

就像孩子在生气时的无理取闹，我们不会觉得那是为了伤害我们，只是我们确实会感到受伤，我们必须让他知道一定有比这更好的方式。同样地，面对遇到挫折总是甩门、对孩子发怒而转头离去的伴侣也一样，重点是我们必须在一起，而"在一起"就是婚姻的意义。

对单身的人来说，"一开始就不应该找这样的人结婚"，但结婚生小孩的人就会明白，不是每件事情都能在婚前看得清楚。就像女人会在有小孩后明显发生改变，男人也会在做父亲之后，才展现出他"做父亲的样子"。

对于对方过去未曾向我们揭露，可能自己也不甚了解的崭新的一面，用什么心态去理解和相处，考验人的智慧，还有为了这段婚姻，要付出多少努力的决心。

而那绝不会是容易的事，因为没有人能保证努力会获得回报。

就像人生中其他事情一样，只能问自己，觉得这是不是值得努力的目标，决定用什么方式努力，并且接受可能不会尽如人意的结果。婚姻和人生中其他事情，我觉得在这一点上是一样的。

|第 16 章|

所谓夫妻，就是要一起经历"不理想的生活"

或许就是曾经经历那些，甚至会在心里怀疑彼此的爱情是否还存在的日子，对于婚姻会有高低起伏，不是说跟对的人结婚幸福感就能持续涨停的事实，好像也更有能力去接受了。

每天早上，送孩子去上学之后，就是我一个人在家写作的时间。我可以尽情地写，写到头晕脑胀、腰酸背痛，才站起来为自己做个简单的午餐，吃饱，休息一下再继续。有灵感的时候我会尽可能全心写作，没有的时候我就多完成一点家务，买菜、打扫卫生、洗衣服，直到孩子和丈夫回来。

　　虽然写作的收入并不稳定，多数时候我只是一直写，也不确定出版的机会何时会到来，但是能够用自己的步调度过大半天的时间，即使有着"这样的生活能持续多久呢"的些许不安，还是感觉自己相当幸福。

　　我在过去有很长的一段时间（应该是从青春期之后），就非常地想要跟别人一样。特别是听到父母说什么职业好、收入稳定有多么重要、谁谁谁都在哪里上班了，我就会觉得那样的生活才叫"正确"，努力想把自己塞进一个主流的框框里。

　　我只要觉得不适应或者痛苦，就会怀疑是自己不好，大多数人都能适应的办公室文化自己却适应不来，或者表面上看来适应，其实心里根本无法想象要一直这样下去。我时常怀疑是自己太过幼稚，认为能忍耐才是大人，所以总是在隐藏自己真实的想法，努力想要"和大家一样"。

就这样一直持续到三十岁成为母亲，而且是全职母亲，反倒让我开始想要珍惜时间，做自己想做的事了。为人父母是一个能让人彻底转变的人生经验，度过一段全职带小孩、彻底不被别人看见的生活，我才发现，其实根本没有人在乎我是不是跟别人一样。

我突然想通了过去一直无法认同自己的症结，就像保罗·科尔贺在《维若妮卡想不开》里，让精神科医师讲的一段话："**你是一个和别人不同的人，但是你却要和别人一样。在我眼中，这才是一种最严重的病。**"

我虽然很喜欢这句话并一直记得，却是在成为母亲、做自己的时间越来越少之后，才真正懂得把握这句话，让它给我"接受自己和别人不同"的勇气。

短暂工作，经历过工作和家庭的拉扯之后，我重新定位自己的目标是全职写作的家庭主妇，能够用自己的步调朝这个方向努力，我觉得这样的生活就很幸福。

尽管这样的幸福就和其他事情一样，不知道是否能够达成，也不知道能否持续，但我不再纠结于自己和别人不同，觉得不管过去如何，未来又会有什么变化，当下的幸福就是幸福。

结婚后有机会实现这样的生活，也对另一半感到感激。虽然每个人都抱着婚后应该要能过得更好的想象踏入婚姻，但结婚时间久了就自然会知道，**要能在婚后维持自己原本喜欢的生活，或者得到更喜欢的生活，需要非常多的条件配合，除了彼此的诚意和努力，还有运气的成分。**我看到网络上有人说："如果没有过得更好，那我为什么结婚？"我觉得从某个角度来看，这句话有道理，人不是为了为难自己，或者明知道会过着每况愈下的生活而结婚的，但如果这句话从已婚者口中说出来，像是准备把它当做结束婚姻的理由时，就会觉得有哪里不对劲。

谁能保证结婚后一定过着更好的生活呢？人生所有的保障都是不确定的，可以把握的只有自己。

谈恋爱时向往的理想婚姻，多半是不切实际的

在婚后第一年，曾经因为某件意外，丈夫拿出了所有的存款才解决问题，刚辞掉工作，试着朝自由撰稿人的目标迈进的我，也被长辈期许（或者说要求），去考自己毫无兴趣的公务员。

带着这样的压力，怀着想替丈夫解决问题的心情，我开始一边翻译，一边翻看公务员考试用书。考试这类事情从学生时代就难不倒我，所以几乎是我一说"好，我去考"，家里所有人都相信我会考上，就连我自己也这样认为，但这会儿，我想到未来却觉得茫然。

或许那不是我要的生活，我很难想象一旦踏进某个办公室，至少要等三年才能申请调动，我也对必须朝九晚五的固定工作限制感到厌烦。

尤其又是完全没有兴趣的工作内容，如果是跟文字有关的或许还有兴趣……就这样，我一边觉得自己"只想着自己想要什么，真的很自私"，一边被动地扮演考生的角色。

那段和丈夫相处的时间，现在想起来也耐人寻味。听到我答应去考，感觉经济担子即将减轻的他，当然有高兴的成分，但是他也觉得内疚，结婚没多久就打破了"婚后你依然可以做自己想做的事"的承诺，让自己的经济状况影响到我，也让他感觉男人的自尊受到伤害。

那应该是我第一次真正体会到"我们结婚了"的事实。

结婚并不是拍完婚纱照、办完登记、办完喜酒就算是完成，在经历共同的考验之前，我们的心态其实还像是未婚，也像一对情侣终于开始同居，只想着每天要一起吃些什么、周末要去哪里，为新家添购家具……这些看起来就像是过家家一样。

首次遇到问题，而且是突然那么大的资金缺口，我才突然明白，从此之后，一旦对方有什么状况，自己不可能置身事外。

还在谈恋爱时，不管是什么状况，多半也只是拍拍彼此的肩膀，说几句安慰鼓励的话后，就各自回自己的家。

但是从结婚开始，对方缺钱就等于是自己缺钱、对方生病自己就要去照顾、对方没有能力实现原本的婚前承诺，自己就要努力学习适应（当然，也有人会重新考虑这段关系的存续）。

结婚，并不是单身者认为最理想的爱情状态——跟这个人在一起的时候，能更接近真实的自己。而是相反，因为彼此的生活紧密相系，也有互相支援的责任和义务，有些时候不要说做自己了，即使稍微任性一点，都可能让自己感到负疚。

当然，结婚也不是单方面地受到对方影响。

自己的经济条件、健康状态、和家人朋友的关系也会扩散，所谓扩散就是把对方拉了进来，夫妻很难在一个屋檐下只是各做各的事情，过各自的日子，双方都有可能彼此拖累。

接受这种"可能彼此拖累"，而不能过自己想过的生活的事实，一切都不再"尽其在我"而需要另一半配合的意识，是结婚之前就应该要有的觉悟。不过这种想法多半是在婚后才产生的，可见，人在面对生活的时候，总是经验比理论先行。我们总是让生活教会自己什么而不是相反，在事情发生之前所做的心理准备，总是在事情发生时，才会发现还远远不够。

而我也是在当时才发现，人一旦不能过自己想要的生活（至少是能够适应的生活），在情感上要对别人柔软时，就会变得如此之难。

我察觉到自己的自私，不只一次想着早知如此，绝不会在此时结婚，但这种想法又让我无比羞愧，好像我根本就不够爱他，我以为是足够的爱情让我想步入婚姻，却是遇到现实的一点点考验，就发现自己的准备是如此不足。

我准备好承担另一个人了吗?

准备好把我们的生活绑在一起，只要明白对方也不愿意如此，就能做到体谅，改变自己去配合现状吗?

我好像是看了太多心灵鸡汤式的、对理想婚姻的描述，让那些憧憬带着我走进婚姻。奇怪的是我还自认为自己足够务实，一直以来时常看父母争吵的我，认为自己对婚姻并没有不切实际的想象。

基于责任感，在和对方相处的时候，我会要求自我体谅，并且做出毫无埋怨的样子，但是心里却不断反省，自己过去对结婚的想法真的太过幼稚，我好像应该在自己更有能力可以帮助对方，同时又不需要改变自己的时候，才适合踏入婚姻。

但那种想法其实也是不切实际，就像我的一位大学教授，眼看我们这些年轻人都老大不小了还只是恋爱，他总是说："钱？钱永远都不够。心理准备？准备好了才要结婚生孩子？我跟你讲，**你永远都不会准备好。**"

我们都会想要在准备周全、风险降到最低的情况下才去结婚，但是**人生没有"没有风险"的时候**，我丈夫一直以来都相当节俭，谁知道那一笔在我们看是不少的存款，可是遇到巨变时也是瞬间就见底了。

夫妻是必须共同面对风险的一种关系，就算只是基于义务和责任感而这么做，我也感受到婚姻将两个人绑在一起的力量远比爱情还大，人们虽然歌颂爱情，但是一旦爱情让自己不快乐，就少了坚持下去的力量。

但已经是夫妻了，在事情发生，丈夫因为沮丧而躲在被窝里，用棉被把自己的头盖住跟我讲话时，我立刻觉得自己有责任和义务要让这个人从挫折中振作起来，我抱着他的头安慰，让他知道自己并不是一个人。

身份的转变会让我们逼自己去做很多事情，虽然偶尔也会怀疑，自己能做多少、撑多久，但我是到那时才开始懂了，结婚，本来就不只是为了"过自己想过的生活"。

结婚前，多想想"缺钱时怎么办"是应该的

钱很重要，虽然不能为钱结婚，男女朋友交往总是会听见父母的告诫，虽然修辞不同但大意是如此——贫贱夫妻百事哀，人如果没有钱，会变。

正在热恋中的人当然听不进这种话，虽然朋友中也有人非常清楚地知道钱的重要，懂得在交往之前就把对方的身家都调查清楚，也明白年薪低于多少就不能结婚。但或许是我跟丈夫认识的时间很早，年纪还轻，当时整个社会都不像现在这样看重金钱，总之，我们的心态还是"只要努力工作，不可能太过贫穷"。

现在却不太一样了，在台湾地区，社会经济好几年前就在走下坡，家境普通、赚钱能力普通的我们已经交往很久，从没有想过要为了可能的经济危机而分开。

真正的互相负担都是从结婚后才开始的，感觉无法过自己想

要的生活时，才有种真的已经结婚了的觉悟。

这让我在看见很多如何寻找伴侣、或者是根本不应该"寻找"伴侣，而是把自己过得精采，"对的人"自然就会出现的文章，还有许多"在一起，是为了让彼此更好""让彼此拥有互不打扰的空间，才能保有理想的爱情"等主张，都会有种已婚者才有的纳闷。

把自己的生活过好、全心全意经营自己想要的生活，理想伴侣就会自动出现吗？进一步说，在"那个人"出现之后，我们确认他是不是"对的人"的方式，真的是用"自己是否能持续保有理想生活"吗？讲得更明确一点，跟一个人在一起，不管结不结婚都会让我们无法过上自己想要的日子时，就表示这个人不是对的吗？

虽然结婚的人一定都是认为，"这个人是对的"，和他在一起，能让人对未来有所期待，是有这样的想法才选择结婚，但**保有自己理想的生活，并不是跟对的人结婚，就能够获得充分保障的事情。**

明明不是自己的理想，却为对方做出让步和妥协。这件事情时常被描述得很悲哀，很多人强调，这就是不应该踏入婚姻的理由——婚姻让人扼杀自己、放弃理想、最终变得庸庸碌碌，一切烦恼都仅限于一个屋檐下发生的事情，是那样的庸俗和平凡。

但我觉得在变得悲哀和理当如此之间，有一个非常主观的界线，每个人的感受都不一样，所以没有明确的界线。

我们当然是相信和某个人在一起可以共同追求理想的生活，才做出结婚的选择，但所谓的考验就是当两个人都感觉实现理想的机会渺茫（而且是因为两个人在一起才造成的），究竟该重新适应新的目标，努力去接纳"和想象中不一样"的生活，还是挥手道别，让彼此有机会回到各自单身时的道路。

这当中的选择牵涉到每个人对爱的定义，也未必就表示爱得"深浅"，并不是坚持跟对方在一起而勉力改变自己，才叫做爱得很深或很真实。留下来是一种爱，分开可能也是。

夫妻必须一起经历"不理想的生活"，才能真正认识到彼此会用什么方式面对挫折。贫贱夫妻百事哀是因为人很难不怨怼彼此，疲惫、劳累和不知何时能够好转的经济情况，会让人很难温柔地面对彼此。

但完全没有经历过这些，也是一种潜在的危机，会让人无法知道在彼此都最难相处的时候，因为各种压力，所有浪漫和激情都被推出了生活的时候，是不是还会尽力地谅解彼此、相互包容。

结婚本来就是一个充满风险的选择

旅游生活频道有好几个挑选婚纱的节目，我很喜欢看那些待嫁的新娘，描述她们认定对方是真命天子的理由。内容大同小异，多半是：他会逗我笑、让我成为更好的人，跟他在一起总是很轻松，我们总是很开心……

我很认同对于伴侣应该要有这样的感受，如果新娘描述的是：对方总是让我哭、让我感觉自己很不好，在一起很有压力，时常很不开心……相信所有人都会说不应该结婚。

但结婚并不保证这种感觉会一直延续，就像婚姻关系并不单纯只是恋爱关系的延续，婚姻的起点多半有爱，但包括爱在内的一切，都可能会因为身份的转变、婚后才经历的事情，而改变成不同的样子。

共同生活所需要承担的辛劳，可能让彼此不再那么常逗对方笑，在忍不住发脾气或者讲出自私的话之后，也可能惊觉自己并不是那么好的人。在一起时会因为要顾虑对方当下的状态而变得不那么轻松，朝夕相处，同时必须融入对方家人的生活，也会让人感到不开心、甚至很有压力……

这些发展其实都很正常，婚姻里没有忍耐和不愉快，才令人难以置信。

只是当婚后生活距离自己的理想越来越远，甚至失去了曾有的温情时，该为这段关系留下来或离开，是个人的选择。

我很赞成不一结婚就马上怀孕生子，虽然现在大家都晚婚，要保留一点时间体会两人世界都很困难，但理由也正是如此。

在为人父母，让原本作为伴侣的角色因此更加复杂之前，我们都应该有一点时间，适应从恋人到配偶的身份转变。

同时，在这段时间有一些考验也很好，让人可以更加了解自己，明白自己走入婚姻的真实心态，让"结婚，就是为了在一起的快乐能够延续"的幻想破灭，认识到结婚其实是一个充满未知风险的选择。

　　许多人描述已婚者（尤其是女性），都把她们说成是"为了追求安全感"而结婚，但我觉得非传统的女性并不这样想。**只要认真思考婚后生活的转变和女性在婚后必须对抗的传统包袱，我们就会觉得结婚就是一种冒险。**

　　比起单身、工作还算稳定，可以负担自己各种开销的生活，因为结婚而必须去承担另一个人带来的一切，让另一个人对自己的人生造成永远无法消除的影响，才是一件充满未知和不确定性的事情。

　　我曾经以为我是十足相信对方的，并且感受到安全感和稳定才结婚，却在结婚后才意识到，**或许真实的自己，只是想知道结婚究竟是什么样子。**

　　我并没有准备好迎接各种风险，我连可能会有哪些风险都无法预期，但是比起稳定不变、几乎可以预测未来发展的、原本的我的生活，或许我是选择了自己无法想象，也会担心自己无法承担的未来。

　　一边怀疑自己无法承担，不知道自己不是很喜欢的生活能过多久，一边觉得作为妻子的我理当这样做，就是不舍得让对方像单身时一样独自面对困难。偶尔觉得自己实在不是一个现代女性爱自己的典范，那种形象好像真的只有单身者才符合，但被用传统来形容时，也会莫名地觉得不舒服。

结婚啊，是让各种未曾经历和想象的考验进来，对于自己曾以为绝对无法适应的生活，能够有些许的进步，就会觉得被婚姻开启了自己未知的一面。

跟对的人在一起，并不一定会觉得更接近真实的自己，如果说真实的自己暗示的是顺从自己的心意，并不伪装、也无须压抑。

现实是无论跟什么样的人在一起，在一起就会有必须忍耐真实想法，以"关系中的自己"为主语，或者说，以"不破坏关系"为优先的考虑。

这样的付出是否值得，或者是充满悲哀和无奈，并不能一概而论。已婚者并不是一个相貌模糊而大致相似的族群，每段婚姻的内在都截然不同，有人视婚姻中的付出为喜悦，也有人纯粹出于责任感而不得不那样做。

最常见的是一种矛盾，一方面能够认同自己为对方付出、为关系妥协，觉得这是自己应该做的事，同时也是夫妻之间爱的表达。但是另一方面，也会担心自己是不是太轻易做出让步，放弃自己的理想生活，这样的付出会不会终有一天，证明了不会有值得的回报。

几年后现在的我重新找回了自己理想的生活，体会到人生永远充满变化，两个人之间的关系也因为有过那段彼此都无法说出真心，只是各自烦恼的日子，似乎变得更稳固踏实。在那之后我经历了初次怀孕、流产、迎接新生儿，又是另一段说起来并不理想，两个人也绝非心心相印的时间。但我好像不那么排斥"不理想的生活"了。

我想或许就是曾经经历那些，甚至会在心里怀疑彼此的爱情是否还存在的日子，对于婚姻会有高低起伏——不是跟对的人结婚，幸福感就能持续涨停的这项事实，好像也更有能力去接受了。

尽管婚姻关系让自己不可能过得随心所欲，从某个角度来看，就是不符合现代爱自己、追求理想自我的潮流，但也会觉得自己虽然不那么像自己，却是比以前更有毅力为别人付出，让现实、责任、义务等种种听起来就不那么轻松、讨人喜欢的字眼，逼自己做出改变。

虽然不是以理想的自我为目标，处处都像是以关系为优先考虑、以对方为主，却在无形之中，让自己变成一个更懂得珍惜理想生活的人了。

理想和不理想总是交替出现，在婚姻让自己感到责任沉重，感伤于幸福并不是人生常态的同时，我们也会意识到既然如此，当下感受到的不幸、不快乐、无奈和沉重，也不会永恒不变。

结婚六年，还算是资历尚浅的我，回想起来还是很珍惜曾经有过的不理想的生活，不管是吵架、冲突、不得已为了家庭做出改变和让步……它让我对婚姻不再有浪漫的憧憬，但在现实中感觉幸福的时刻，却比过去没有经历这些事情之前，还来得更为踏实。

下一段不理想的生活什么时候会来呢？说期待就太矫情了。但我已经能比之前勇敢，因为在那之后，又会有一些新的什么在等着我。而我对于改变，已经能够抱持相对开放的心态。

　　当然，我对彼此能够共同度过难关也有更多的信心，这就是曾经一起面对困难的收获。

|第 17 章|
刚强易折，但我们都失去了温柔

我们其实是做不到公平的，渴望对方体谅自己，从
另一个角度来看，就是自己不想或不能体谅做不到那些
事情的对方，除非彼此是不相干的人。

有了孩子之后，我们都很容易犯一个错，就是把夫妻之间的警讯和问题搁置一旁，只对孩子温柔就好、只注意孩子的问题、只在跟孩子相处时小心。

因为我们实在无暇注意彼此之间有些什么，没有时间解读对方的信号，各自的工作太过忙碌，教养也不能疏忽，跟其他家人的关系也不能不谨慎处理，有些家庭还有老人要照顾，这一切日常事务加在一起之后，夫妻是什么？不就是期盼互相帮忙吗？

这指的是"自己知道自己该做什么，并且把它做好，不要再来增加任何其他任务。"

但这种想法对于亲密关系的维系来说也是错的，尽管是不得已的但还是错了，因为亲密关系的质量需要双方的投入，但生活让我们心有余而力不足，所以只能眼睁睁看错误发生，不能去直视并承认。

最常发生的情况，是在沟通中反复出现"体谅"两个字，反复地说着"为什么你不能体谅我"或"为什么我一定要体谅你"，选择性地忽略这两个不同立场的发言时常出于同一个人，因为说话者无论是自己或对方，都是一样的自相矛盾。

已经好累好累了所以想要被体谅，想要对方默默地把对方该做的事情做好就好，不要再对不够温柔的自己有更多指责，但自己其实也没有办法体谅对方，对对方还是有温柔的需求，总是压抑不住心里的渴望：你可不可以除了做好该做的事情，感情上还给我多一点，再多一点？

我们其实是做不到公平的，渴望对方体谅自己，从另一个角度来看，就是自己不想或不能体谅做不到那些事情的对方，除非彼此是不相干的人。事实是在生活当中彼此都已经力有未逮，没有人有罪，所以不可能成功地究责。

最理想的情况是"我不说你也懂我，你不说我也懂你"，我们对彼此的体谅仿佛轻松又自然而然，但现实是我们都只懂了自己对对方的不满，在心怀不满的时候体谅对方变得更加困难，而那些不满，反过来也和对方对我们的不满并无二致。

退而求其次、其次、再其次，"只要能对孩子温柔就好"在被生活和工作剥削得体无完肤的时候，婚姻中的亲密关系就这样逐渐风化，剩下坚硬的骨架而其余千疮百孔。

刚强易折，但我们都轻易失去了温柔。

|第 18 章|

你在婚姻里当女超人吗？

　　婚姻是把两个人的故事写进一个更大的故事里，生养小孩更是让故事的情节倍加复杂，一个人独自突破万难、克服一切的剧情虽然动人，但对于已经选择结婚、建立家庭的人来说，却会是令人感伤的故事。

我为孩子的事情感到烦闷、担忧的时候，就会怀疑自己是不是不适合生孩子，又或者是因为只有一个孩子所以太过紧张，如果多生一个或两个孩子，心理承受能力就会好些吧？但是如果问题是出在我的个性，那可能只会变成两倍、三倍的烦闷和担忧？

话又说回来，究竟什么条件的人会觉得自己"适合"生养孩子呢？

具体的身体状况、经济条件当然很重要，但是当这些基本条件都具备时，我猜还是很少人会觉得自己"适合"。

除了没办法确定孩子的未来，当下还有很多让人感到挫折无助的时候，有时候我觉得这就是拥有伴侣的好处，不是说他每件事都可以参与解决或商量，只是因为他和自己的角色最为接近，和自己一样是孩子的父母，孩子带来的挑战和压力就有了另一个可以理解和体会的对象。把标准降到最低只是期望丈夫是一个可以倾听和能听懂的人，再好一点希望他能感同身受，其他人因为跟孩子的关系都不同，会很自然地成为局外人。

但也正是因为如此，如果另一半的态度是置身事外，仿佛孩子对母亲造成的困扰都不是他的困扰，甚至连百分之五十都不能体会，伴侣之间应该有的那份伙伴情谊，大概也更容易转变为恨。

这个世界上原本应该最理解自己的人，就算这世上本来就没有绝对的相互理解，在孩子这件事上，这个人也应该因为站得最近、看得最多，最能够和自己的心情靠拢，而结果却相反。这种期待和结果的落差，是最难以承受的失望。

对方因为想保护自己的情绪不受波动，希望生活不受干扰，搬出各种"看孩子本来就是妈妈的事""要不然让其他人来做"的说法和外包方案，在最近的事情上选择保持最远的距离，就是在那种时候，孩子带来的问题会迫使着成为母亲的女性自问，在选择伴侣的时候，是不是被爱情蒙蔽双眼，才未能看清他竟如此自私。

在我诉苦完孩子的事情后，我丈夫总是会说"辛苦了"，虽然只是淡淡的一句话但至少没有否认我的辛苦，那时就会觉得"日子还是要过下去"，把自己的注意力从刚才的事件上转开，或者是暂时地装作自己可以承受，然后再大的压力也就这样，所需时间或长或短，但终究是过去了。

回头去看又觉得女人要的何其简单，竟然一句"辛苦了"我就又克服了，就算是那些一再怀疑自己"不适合生养孩子"的事件，也能够转化为"其实又有谁适合呢"——一种自问自答的释怀。

但就是因为自己要求的如此简单，如果对方一句"辛苦了"都说不出来，只是唯恐妻子会把这种烦闷转移到自己身上，所以选择保持距离地"批评指教"的伴侣，就算只是一句淡淡的"哪个妈妈不是这样子的"，都会变成足以让人抓狂的打击。

没有办法意识到自己的回应，就像在疲惫和承受着压力的妈妈身上投下原子弹的男人，还可能进一步指责是对方"太情绪化"，这种思考和感受上的隔阂，想起来真是悲哀。

心寒会习惯，独立也会习惯

回想起来我和另一半也是在婚后发生了许多事情，他才逐渐养成了会说"辛苦了"的习惯。之前无论我诉说的烦恼再怎么与他有关（至少在我看来），他也是看着电视、手机，或者睁着大大的眼睛无辜地看着我，只差没有说出"为什么要跟我说"了。

恋爱时希望拉近两人的距离，因而什么事情都表现出有兴趣的男人，婚后就会变成"有事上奏，无事退朝"，偏偏每件事都被他认为是女人自己的事，所以没有必要和他提起吧。

顺带一提，已婚女子没事时最不应该做的，就是对照男人婚前和婚后的态度，如果实在忍不住，切记保持幽默，否则就会因为严重的今非昔比而感到受伤。

男人这种与我何干的态度，如果没有孩子，女人还可以习惯。我总觉得多数女人应该都是在婚后感觉到，自己其实有能力做优秀的单身女性。婚前就做到独立自主的女性在婚后还可以更加地独立自主，甚至连情感需求都自食其力（托付给韩剧、对现实断念也算是一种方式吧），然而在有孩子之后，却不可能、也是不应该，任由对方用这种态度和自己保持距离。

因为那也会习惯。

心寒会习惯，独立会习惯，在孩子带来的各种挫折和烦恼面前，变得强悍也会形成一种习惯，然后，两个人就会渐行渐远了。

在为孩子的事情感到烦恼，明明只是一件小事，却无法不懊恼自己是不是"不适合生养孩子"的我，想来未来数十年，还有无数次这种因为孩子之间的关系，而感到受伤或困惑的时候。

唯一可供安慰的是，在我长篇地叙述我感到的困难之后，先生淡淡地回我一句："辛苦你了。"

他只要一句话，就让我觉得至少站在了我的旁边，然后我又更有能力和意愿再去努力，这样想来，真不知道是这句话本身的力量强大，还是我自己的潜能无限了。

对彼此的态度，是亲密关系里最值得研究和改进的

人们总说，女人要的不多，不过是一句关怀而已。我总是略带不平地想：就是这种想法，才让女人付出好多却只能得到一句关怀！但结婚有孩子之后的生活就像一面只说真话的镜子，原来那个不会说错话、做错事，懂得拿捏错误的距离的男朋友就跟粉

红色泡泡一起消失了，沟通和暗示他说出一句关怀也花了这么久的时间，现在的我也不得不承认，一句关怀的分量其实不容小觑。

没有人天生适合生养孩子，所以在为人父母这条路上，也没有谁天生就是彼此适合的伙伴， 让彼此心寒的话语我们不可不慎，更要尝试去好好沟通在面对这件事情时，两人应该有的态度和距离。

麻烦的就是我们会太害怕对方的反应，害怕再度被对方驳斥，所以把令人心寒的态度都吞了下去，不是觉得忍一忍就过了，而是悲伤地想着"事情只能这样"，高估了自己对于寒冷的忍受力。

在对方保持距离的时候提醒他应该要站近，被对方指责做得不够好的时候要说："因为我需要你的参与。"沟通是必要的，只是也要明白，沟通协调，并不能解决婚姻里的所有问题。

再怎么擅长沟通协调，也有不能改变的事

有时候对象错了就是错了，就像韩国的两性作家南仁淑曾说的："再优秀的厨师也没办法拿腐败的食材做出好的饭菜。"每次有网友私下对我说，对丈夫的自私感到苦恼，问我有没有能够

改变对方的方式，我都会想起这句话。

虽然不是找到一个"对的人"，婚姻和家庭就会一帆风顺，但如果对方真的是"错的"（我所谓错的是对方并没有珍惜这份感情，遇到问题没有共同解决的诚意，抱着把一切负担都推给别人的心态），那么再好的沟通技巧、再多的商量谈判，可能都没有办法把失衡的关系拉回正轨。

和一个普通人结婚，彼此要建立并维持良好的关系，也还是会不断面临新的挑战，如果不做好沟通协调，就没办法共同解决问题。

不好的对象很难变好，许多浪子回头的故事都是传说，故事背后是一个甘愿用自己的人生下赌注的女人，但好的对象却可能轻易变成坏。我们很难确定自己是否足够聪明且幸运地找到好的对象，唯一能把握的只有沟通的努力和诚意。

尤其在有了孩子之后，为了让自己能够勇敢地面对困难，更需要能够和自己站在同一阵线的人。

让自己感到心寒的另一半、逼自己越来越强悍和独立的另一半，好多超人妈妈就是这样被逼出来的，但**从平凡人变成超人，就要放弃平凡的幸福。**

我宁可做一个平凡的人，在育儿路上还有伴侣的一句支持，有时觉得自己能做的竟然比预期的好一点，为自己感到骄傲或雀跃的时候，还有一个人可以分享这种喜悦，因为他也有所参与。

婚姻是把两个人的故事写进一个更大的故事里，生养小孩更是让情节的发展倍加复杂，一个人独自突破万难、克服一切的故事虽然动人，但对于已经选择结婚、建立家庭的人来说，却会是令人感伤的故事。

婚后该用什么方式拉近和对方的距离，绝对不像在婚前那样——如何相互吸引的情节那么浪漫，而是非常的实际，充满了压力和潜在的冲突。但是在人生路上，清楚知道自己有一个人并肩同行的感受，还是会让沟通上的挑战，变成值得克服的困难。

那一句"辛苦了"，是我努力沟通得来的成果，适时提醒对方该说这句话了，也是对彼此关系的诚意和努力吧。

|第 19 章|
结婚，是和父母的独立战争

　　不是我们不想要独立，是我们如果坚持自己的想法，就会和父母产生冲突，这些冲突没办法就事论事，在以儒家文化为背景的华人社会里，只要和父母意见不和就可能被扣上不孝的帽子，被说是背叛、忤逆，更让人伤心的是自己对父母的感情可能会因此受到影响。

婚后第五年的年初，因为过年的事情和父母起了冲突，当时我哭了几个小时，最终的决定是退出。时隔一年多我以为自己已经忘记这件事情，或是只记得事情而忘记伤心，回过头来看自己当时的日记，却还是看到眼眶泛泪，想起当时心里的酸楚。

　　这让我想到，决定结婚的时候，一直以为自己只是被莫名的冲动驱使，或者是像很多人所说的，因为有稳定的交往对象，对方想要结婚所以结婚，可能都只是一部分的理由，对于在原生家庭没有办法时刻感到放松的人来说，结婚最大的吸引力应该是——建立自己的家庭。

　　在结婚以外的形式，如长期同居、多元成家、朋友互相扶持、甚至是人与宠物所组成的家庭，都还不被普遍认可，也不被赋予合法地位之前，结婚是我们唯一能建立自己的合法家庭，并且获得别人承认的方式。

　　不是扩大或延伸自己的原生家庭，也不是增加家人，而是重新建立一个新的、独立于原生家庭的新的组织，在想起和父母的冲突让我多么难受的同时，我突然明白，是这种想法让年轻人在离婚率节节高升、结婚对自由的限制显而易见的情况下，还是会想和另一个人结婚并且建立关系。

很多人成年之后就会发现原生家庭不属于自己，而是倒过来，自己是隶属于家庭的成员。这个家庭的主导权永远都属于父母，从大到小，每一件事情，最高决策权还是在父母手上。

在亚洲社会，我们几乎没有办法跟父母建立平起平坐的关系，即使我们长大成人、工作赚钱，甚至担任家里主要的经济支柱也一样，父母永远都有一个作为长辈的特殊地位，只要没有疾病或衰老等因素让他不得不退出决策位置，作为子女永远是次要的，只能用提出要求、请求允许或以被动接受的方式参与家中的各项决定。

不是我们不想要独立，是我们如果坚持自己的想法，就会和父母产生冲突，这些冲突没办法就事论事，在以儒家文化为背景的华人社会里，只要和父母意见不和就可能被扣上不孝的帽子，被说是背叛、忤逆，更让人伤心的是自己对父母的感情可能会因此受到影响。

父母其实也受到传统观念束缚，表面上说得再怎么开明，心里还是觉得孝即是顺、顺即是爱，和孩子之间没有冲突才表示自己受到孩子的敬爱。所以，即使他们平常不这么想，或者不认为自己这么想，但是每当孩子和他们产生争执，让他们心里不快时，还是会觉得被孩子伤害。

在自觉受伤的时候，人都是有攻击性的，必须把压力向外释放，才能够维护受伤的自我感觉。

人的感情和观念是有连动的，一旦父母在观念上认为子女不该和父母对立，就会觉得和自己站在不同立场的子女冷酷无情。当然这种观念和情感的纠结也不仅限于父母和子女之间，而普遍存在于各种情感关系里，让家庭变成永远是清官难断家务事的战场。

麻烦的是只要不结婚，就会被认为没有独立

在我们这个社会里，只要不结婚，就会被父母认为是家中未成年的子女，更是没有理由不听话的家中成员，比起已经结婚成家的手足，单身子女更容易被父母要求做东做西，甚至被期待要无条件地奉献时间和金钱来配合父母。

简单来说，未婚者更容易被视为原生家庭的一分子，父母就像组织里的会长，子女就像会员，就算组织的运作已经完全是由会员的经济贡献来支撑，会员还是会员，不会有等同于会长的地位。

会员或许可以提案，要求在某些方面做出改变，但会长的否决权还是绝对的，要让父母认可自己真的已经成年，有权决定自己生活方式并且不被干涉，最主要的途径可能还是结婚并且顺势离家，在外组织自己的家庭。

当然，对于结婚后可能会再度被视为另一个家庭的附属成员

的女性，也就是所谓的"媳妇"来说，结婚究竟算不算是一种另类的独立宣言，又或者只是换汤不换药，脱离父母，却被迫接受另一个家庭更强力的管控，这两者的命运大不同，跟选择的另一半大有关系。

从自己的经验出发，思考人们究竟为什么要结婚的时候，我想到了这样的社会因素，包括文化背景。因为我们渴望建立自己的家庭，在当中获得一定程度的自主权，也向往和家人建立平等而且互相尊重的关系，想借着结婚，让自己的独立性获得家人的认可。

但是虽然我们有这样的想法才去结婚，渴望脱离原生家庭，用自己的想法和憧憬建立一个新的归属地，这件事情却绝对不是那么理所当然，没有人会因为结婚，就顺理成章地拥有想要的一切。

许多人，尤其是女性，是结婚之后才发现想要的权利还是需要努力地去争取，因为有太多男性还是把"跟我结婚就是进入我家""是我们家的媳妇就应该……"这样的想法奉为圭臬，不管婚前讲得再天花乱坠，婚后自己的小家庭任公婆自由来去、移动摆设，甚至连夫妻俩下班或周末假日要做些什么，都受到公婆的监督或管理。

不是所有男人都觉得这样做很好，也有些人和妻子一样有着"从父母那边独立"的渴望，但问题就在于，长期以来我们的文化背景强调子女不能跟父母冲突，否则就是不忠不孝，所以他们把结婚后和父母冲突的责任和压力，都转嫁到自己的妻子身上，好让自己在自我感觉上，还是一个听话、孝顺的儿子。

周末不一定想要让父母来家里，却会强调"是她不想这么做"，在面对父母时不说"我希望你们怎么做"，而会说"我都可以，但她不喜欢这样"。

因为自己渴望独立却不敢承认，也不想承受只要争取独立，就必须要和控制欲强的父母产生冲突的压力，于是通过结婚，把另一个人拉进自己的独立战争，好让自己可以远离风暴中心。

听起来很令人生气，只要是女性就会更感到愤慨，但不能否认的是这样的男性确实很多，无论当事人有无这样的意图，是明确的知道自己在"利用"婆媳问题来模糊焦点，还是无意识地这么做，客观事实都差不多，就是自己保持距离地喟叹"女人总是为难女人"，或者是强调自己"作为男人当夹心饼干也很痛苦"，然后让妻子代替自己去为小家庭争取自主权。

有时候我觉得这些人是忘记了自己结婚的初衷，也有可能从一开始就放弃独立，让结婚变成是找人分摊受父母控制的压力，所以结婚之后，不是和原生家庭形成两个各自独立、活动范围偶尔重叠的组织，而是扩大了原生家庭的控制范围。

会长还是那两个，居于底层的会员却增加了，向往拥有自己的家庭才结婚的人，结婚之后才发现原来真相是这样，他们就不可避免地会感到失望和痛苦，而把这样的情绪带到婚姻里，又会伤害小家庭里的亲密关系。

孝顺，让子女无法和父母分离

但是公平一点地说吧，并不是只有男人会把原生家庭带到新的家庭里。不管两个家庭是在表面上互相尊重，还是连表面功夫都不用做而实际控制，这种看似独立其实并没有自主权的状态，其实是普遍存在于不同性别的。

亚洲社会的成年子女就像在费力地争取独立的小小国家，却又总是被一句"我是你爸/妈"给彻底打翻，有许多父母所谓的"希望孩子独立有主见"的想法都只是空谈，当他们提到儿女应该尊重父母时，意思就是孩子不应该和父母持相反意见。

成年子女不论性别，都在不同程度上受到父母那表面上放手实则未必的策略所牵制，又因为每个父母的传统观念程度不同，每个子女受到来自父母暗示的"你不能也不应该独立"的压力并不一样。

"症状"比较轻微的父母，在和子女互相冲突了几次之后就会放手，认清楚所谓的空巢期并非暂时，而是家庭生命阶段的又一次转型。从夫妻，到父母和子女的组合，然后子女成年离家，又回到只有夫妻的两人世界。

不管愿不愿意都必须放手，和子女变成两个家庭的人，子女的家庭有他们自己的运作规则，而自己能干涉的只有自己的家庭。

"症状"比较严重，始终无法承认人生阶段已经改变的父母，可能花上整个下半辈子跟儿女争执"该听谁的""你连爸爸/妈妈的话都不听了吗？""作为祖父/祖母连自己的孙子都不能想看就看吗？"不断地哀叹子女"翅膀硬了就不听话了"，却没想过这其实也没什么错。

适应人生的新阶段永远都很困难，过渡期的痛苦也是当事人自己的责任，然而就像成年子女会因为无法挣脱控制，不断被用力拉回前一个阶段而痛苦挣扎，逐渐年迈的父母也会因为子女想要脱离自己、自己不再拥有权威、不再被子女需要而强烈地感到失落。

人生阶段走到后期，无论身体再好都会有时不我予的感觉，因为内心脆弱而更希望子女陪在身旁。这种情绪有时会让父母无法意识到自己正在尝试控制子女的生活，甚至已经影响到子女的婚姻和家庭，没办法对和自己分开生活的子女怀抱祝福，不愿意放下过去。

向父母发表的独立宣言，其实是很多人想要借助结婚来实现的愿望之一，更进一步证实了结婚的动机不同于恋爱，不是那么单纯的只是"想和某人在一起"。

但也正因为如此，让人很难不抱怨伴侣婚后就跟婚前不一样了，因为总是要到婚后，这些对婚姻的真实想法才会一一浮现。

和父母冲突的压力如果太大，没有办法承受父母指责自己、甚至对亲朋好友哭诉自己不孝的压力，就很难做到坚持自己真正的意愿，也无法要求伴侣共同坚持下去，有些人甚至会因此转变想法，希望对方和自己一样对父母让步，换取表面上的和平。

被这样要求的伴侣无论男女，都会觉得自己不被当成自家人，不被认可是新建立的家庭的一分子，视情节严重程度不同，有的人是婚后才发现根本就没有这个小家庭的存在，作为媳妇/女婿只是这个渴望强化控制的原生家庭当中，地位最低的分支。

一切的问题都与爱情无关，跟两个人感情的深浅也无关，是传统观念和个人意志之间的落差，也是父母和子女之间，不知何时才能改朝换代的权力冲突。 配偶其实只是代罪羔羊，不管是婆媳冲突还是翁婿冲突，都可以用来掩饰真相，让真正在斗争的双方否认斗争的存在，强调"我们亲子之间感情还是很好，是我的老婆/老公和我爸妈合不来。"

跟爱情无关的问题，爱情当然无法解决

和一般人的想法不同，伴侣之间坚定的爱情，在这里非但帮不上忙，可能还会让事情变得更加困难。

如果婚姻中的双方只是为了经济或其他共同利益而结婚，对于该对父母让步多少，要怎么扮演孝顺的媳妇/女婿，可能还可以

用单纯的利益计算来说服自己，像进入一家公司，用"工作就是为了赚钱"的想法来达成目标。

但现代人是有爱情才会考虑结婚的，追求爱情也追求独立，总是把自己推上前线去和父母冲突的伴侣让人感受不到爱的存在，无法捍卫小家庭的界线，而是要求自己也成为原生家庭的附属的做法，更让人追求独立的希望荡然无存。

我曾经很渴望父母的认同，尤其希望他们知道我有多爱他们，因而压抑自己真实感受只求不要产生冲突。我其实了解这种人在爱情与孝顺发生冲突时的退缩，和被自己牵连、甚至被迫承担的另一半之间并不是没有爱情，而是自己实在太脆弱了，再怎么爱对方，还是没有坚强到能够和原生家庭建立界线。

总是要被逼到真的无力承担来自双方的要求、两个家庭之间的矛盾越演越烈的时候，才有可能绝处逢生，做出改变。许多人在那之前就是能拖就拖，赔上自己的婚姻和谐，让父母永远都是夫妻吵架的主要理由，否认自己其实也想要脱离父母。

在我们解决婚姻问题的方法当中，第一阶段——诚实——往往都是最难的。因为人只要无法诚实面对自己的脆弱，就会把问题归咎于其他人的脆弱。

举个例来说，明明是自己无法明确小家庭和原生家庭之间的界线，害怕和父母冲突就要承担不孝顺或不听话的罪名，却会在另一半对父母的控制表示抗拒的时候，指责另一半太不配合，没有办法体谅自己夹在父母和伴侣之间的两难。

因为许多父母从小灌输孩子一个观念——不顺从父母就是不爱，不以父母的意见为主就是不尊重。被这样教养长大的人，在察觉自己真实的想法和感受之前，就会自动踩下刹车，麻木自己并且停止探问自己的内心，就怕挖掘出来的真相——其实自己并不想听父母的话，代表自己是个不爱也不尊重父母的坏孩子。

所以，在婚后遇到小家庭和原生家庭产生冲突时，无法抗拒来自父母的要求，就会转而要求伴侣配合，选择性地忽略自己对小家庭成员的责任，优先去扮演原生家庭的好孩子的角色。

我有时候觉得自己做不到的事情，至少要放手让另一半去做，如此一来才能保护自己新建立的家庭，还有自己的子女。可惜的是我们很容易陷入孝道和亲情的两难，失去了对什么才是好的判断能力。

我有一个非常亲密的朋友就是这样，让我心疼的是她母亲对她的剥削，在她母亲的情绪勒索和控制下，她的小家庭退到无路可退。有一次她对我说，很感动丈夫陪着她忍让，甚至一起向蛮横的母亲道歉求和，我却忍不住说："他不应该这么做。"

害怕冲突可能是人的天性，作为女儿可能更难拒绝母亲的要求，因为女儿总是难以放下对母爱的渴望和恋慕，那种状况跟儿子其实不想跟母亲维持亲密，就以"孝顺婆婆是媳妇的责任"为名义，把孝道外包给自己妻子的状况，是不同的。

所以，可以看见很多男人结婚之后，就把取悦自己母亲的任务转交给妻子，不管是回家时帮忙做家务或者安排庆生娱乐，总之，"女生比较贴心"这种说法，也是一种让他们减轻负担，转移母亲注意力的方便的借口。

但无论基于什么样的原因，作为子女的一方如果没有办法捍卫自己家庭的界线，新加入这个团体的配偶就变成了最后一道防线。

一起接受父母的控制其实是下下策，无法接受孩子已经独立的事实的父母，其实需要外力的引导和改变，让他们认清楚：只有放手，才是真正的祝福。

不管身份是儿子还是女儿，若是发现自己的父母已经超过应该有的界线，对待自己新建立的家庭及成员，拿不出互相尊重的态度，那么就算自己做不到与父母对立，也不应该让伴侣和自己一样，任由父母予取予求。

这不只是为自己好也是为父母好，因为控制欲是一种无法获得满足的欲求，当被要求顺从时，我们都会误以为顺从能够让对方开心，其实顺从只要超过一定的上限，就会被视为理所当然而更难以满足对方。

经济衰退，让小家庭不得不依赖原生家庭

现在又有另外一个社会因素，让这种两代之间的冲突越演越烈，80后是社会主要的劳动人口，却被沉重的房贷、节节高升

的物价、持续衰退的经济、超长工时和低薪压迫得喘不过气（指台湾地区）。没有孩子时还无妨，顶多是两夫妻租房、降低消费欲望并且同样加班，但是有了孩子，他们就很难不需要父母的帮忙，无论是人力还是财力的支援。

这让两个家庭之间很难建立界线，因为彼此之间的分工合作仍然相当紧密，但两代不仅仅是教养观念不同，对自己的生活也有独立自主的期待，日本就有一个词——"带孙忧郁"（孙ブルー），用来形容父母总是被成年子女要求协助照顾孙子孙女，自己的生活步调都被打乱的困扰和愤怒不平。

然而这些50后、60后的父母，也很难了解子女提出要求时的痛苦，子女渴望独立，却连独立的基本要件——经济条件，都不具备。

无论是在日本还是在台湾地区，现在正在享受退休生活，还算年轻的祖父母辈，都是在经济成长最蓬勃的时候投入劳动市场的。当时的社会环境让他们的经济能力稳定攀升，不但能够负担子女的补习班和才艺班的费用，还可以带父母出外游玩，也不需要父母额外的支援。

台湾地区现在的小家庭却是靠着倒退三十年的薪资在勉力支撑，买不起房子就无法搬出原生家庭，或者付了房贷就没有钱生养孩子，有孩子的夫妻为了生活不得都出去工作，又因为超长工时，没有人能够接送年幼的孩子上下学，孩子一旦生病没有人能请假照顾等的问题，最后还是只能请其中一方的父母提供协助。

既然还需要父母的帮助，怎么可能从父母那边独立，建立平等尊重的界线而不是受到牵制的关系呢？

结婚成家之后，和原生家庭之间最健康的状态，其实是各自独立、互相尊重、彼此关怀。祖父母能够没有心理负担地含饴弄孙，年轻的父母也可以坚持自己认为理想的教养方式。但对于无论再怎么努力还是无法做到"完全不需要父母帮忙"的小家庭来说，他们和双方的原生家庭都难以维持理想的关系，而是时不时产生拿人手短、吃人嘴软的压力，还有"究竟谁说了算"的教养冲突。

虽然冲突的本质是一种权力斗争，双方都渴望拥有对自己生活的主导权。祖父母辈可能想要自由地探望孙子孙女，却不想被定时、定期帮忙带孙的义务所绑住；而儿女也渴望坚持自己理想的教养方式，却碍于父母的权威、帮忙带孙的"恩惠"而无法坚持自己的想法。

冲突的内部包含了关于亲情、爱情、孝顺的观念，父母处于空巢期，渴望自由却又想抓紧控制的心理以及子女那渴望独立，却又受迫于现实的压抑与无奈……总之两代之争的内部都是极为复杂的，让家庭变成一个战场，三代人都被卷入战局。

每一个现象都有它社会的、文化的因素，也有个人情感牵涉其中，经济的因素又限制了个人的选择，有时就是必须做明知道这样违背初衷却又不得不做的决定。

不管是有独立的想法但心有余而力不足，还是根本不打算和父母建立界线只求表面上的和谐，一旦让自己的家庭变成原生家庭的附属或延伸、父母的权力就会延伸过来，变成婚姻里最大的危机。

结了婚的人，还得自己给自己勇气

对于配偶来说，这其实不是个人努力可以改变的事情，因为真正的问题出在亲子之间，作为配偶不过是个配角，再怎么努力也改变不了主要剧情。所以，已婚女性总是忍不住叮嘱还未婚的朋友，结婚绝对要慎选另一半，不能只看他对你够不够好，还要看他怎么看待自己和原生家庭的关系。

那些把亲子冲突的压力转嫁到配偶身上的人，是不会在婚前让你有心理准备的。但假如你已经是不断被对方父母践踏界线，彻底失去家庭自主权的配偶，而另一半确实坦诚地告诉你他做不到和父母发生冲突，你又能够如何呢？

很爱对方好像就不应该让对方为难，但很爱自己的家庭就不能任由界线不断地后退甚至被抹除，但爱得再深、再怎么努力也无法代替对方去解决"只有他能解决的问题"，已经陷入这种困境的人，往往无法轻易地认赔杀出。

只能守候和提醒吧。提醒自己也提醒对方，不能用婆媳或翁婚的冲突来转移焦点，亲子冲突才是真正的问题。

婚姻中的人在很多时候都必须自己给自己勇气，在承受着"对方原来不能保护我，还可能拿我当挡箭牌"的压力的同时，还必须要理解对方的脆弱，并且坚强起来捍卫自己家庭的界线。

如何引导对方认清事实、找到真正问题的症结是需要智慧的，而对方能否听得进去，或者持续装死，强调"一切都是你和我爸妈的问题"，又并非自己可以掌握。唯一可以努力去控制的是自己的想法和态度，一旦发现长辈有不合理的要求，影响到夫妻感情或者孩子的教育，必须要坚定立场保护自己的小家庭。

那时可能会感觉到另一半和他的父母站在一起对自己施压，让人对婚姻和过往的爱情心灰意冷，但结婚本来就是一个充满冒险和挑战的决定，婚后才发现对方的脆弱甚至是无赖，都是自己必须努力去克服，或者在确认无法克服之后必须认赔杀出的风险之一。

有的人会因为孩子而变得强悍，能够更进一步坚定立场并且影响自己的伴侣，也有人因为养育孩子而影响了自己的经济状况，不得不委曲求全。

无论哪一种都必须认清自己的承受能力，还有孩子受到影响的程度。我在成为母亲之后，发现女人确实是可以为了孩子发挥意想不到的潜能，做到过去做不到的勇敢，或者是忍耐。

两种选择没有谁对谁错，虽然"为孩子而忍耐"时常会被批评为"不够努力"的托辞，但有时确实是"非战之罪"，能否做到某些事情，本来就不只是需要意愿，还需要能力。但最重要的关键是一切的努力都必须掌握对的方向，让小家庭朝着独立的方向走，长期抗战或短期休兵都是选择，走入婚姻虽然可能是一时冲动，但人在婚姻中思考未来的方向时，需要非常清醒和冷静的头脑。

婚姻幸福（或至少还算可以接受）的条件，是知道自己当下在做什么以及长期下来该怎么更接近真正重要的目标。

不能被情感和受伤的情绪所控制，让自己和对方开始互相指责，模糊了究竟该怎么解决问题的焦点，把对方视为自己的盟友而非敌人，如果他站在与自己小家庭对立的一边，也必须努力去理解他的选择，如此才有可能把他拉过来。

那是一件很难的事情，一方面，人很难在受伤或被激怒的时候还能保持客观、冷静并解决问题。另一方面，我们也很难把让自己受伤的人当成盟友，因为我们总有一份错误的期待——既然结婚，对方就应该一直都是我们的同伴。他不应该让我们独自一个人面对并解决问题，更不应该造成问题。

那就是婚姻里会发生的事情，对方会让自己失望，同样，自己也有可能让对方失望。彼此都会把自己的压力和无法克服的难关，用各种形式转嫁到对方身上，不是说一旦结婚，彼此的力量就自动加在一起，形成一个可靠的后盾或避风港，没有这样的道理。

在婚姻里必须承受的孤独，就是体会并且承认别人的不可控制或依赖，能够把握的只有自己的想法和努力，而能不能找到对家庭有共识、也有能力去坚持共同目标的伴侣，又或者在事与愿违的时候，能不能成功地影响对方的想法，让对方变成这样的伴侣，在考验着我们从来没有被教育或者被训练过的能力：不受感情和传统观念所蒙蔽的思考和判断，还有不伤害对方的沟通和表达。

婚姻是修行啊，虽然是两个人的关系，却是自己一个人的修行。

我发现承认了婚姻中必然存在的孤独，还有放下"对方应该要替我解决问题"的这种不切实际的期待，该做什么还有该用什么心态去努力，好像就变得清晰许多。可见人很容易蒙蔽自己，关于婚姻应该是什么样子，还有"既然结婚，对方就应该要如何如何"的各种成见，都会让人看不清楚事情的本质。

事情的本质是在各种情感和角色关系的为难当中，人还是或多或少有着选择的余地，可以选择努力往好的方向走，只要知道自己朝向正确的方向，就算结果不如预期，也是无愧于心。

|第 20 章|

每个人内心的阴影，都会指引内在渴望的光亮

对我来说，真正把我们绑在一起的，并不只是两个人和谐分工的日常，而是那些如果不是因为结婚，根本不会发生的一次又一次的紧张和对话。因为那些冲突，我们认识了别人没有办法知道的对方和自己，所谓的夫妻生活并不是只多出一张结婚证书，而是以夫妻这种身份相处、共同生活的点滴。

每个人对婚姻的第一个印象，都来于自己的父母。原生家庭对我们影响之深远，力道之强，我们总是要到自己也结婚之后，才会真正明白。

　　我和丈夫来自差异很大的家庭，应该说，每个人的家庭都不一样，虽然他的父母也会吵架，但因为身处三世同堂的大家庭，伴侣和其他家人之间的摩擦，转移了原本应该仅限于夫妻之间、因为婚姻所造成的压力。

　　我在只有父母手足的核心家庭中长大，没有其他成人在父母争吵时居中缓和或者是强力的控制，我们的生活虽然平日相当平和，但是一旦父母争吵，就像打开压力锅那样天翻地覆。

　　因此，我对婚姻的印象就是"难以理解"，特别是听说爸妈当年也是自由恋爱结婚，还留下无数封情意缠绵的情书（后来在一次争吵中被烧掉了），对于自己选择跟相爱的人结婚，却会建立如此看似稳定其实轻易动摇的关系，觉得困惑而且害怕。

　　争吵时没有旁人协助踩刹车，结果往往是越吵越烈，不知道何时会停止的不安感，让我开始怀疑——任何人，不管再怎么温和，情绪爆炸时都有可能采取暴力（言语的或行为的）。

　　在哥哥去外地念书之后，我变成家里唯一的孩子，总是觉得自己有责任在父母争吵时扮演某种角色，但也因为作为孩子，我也为无法代为解决任何实质问题而感到苦恼。

有时候我觉得父母已经痛苦到遗忘了我在现场，我的感受当然也没有人关心，我纯粹只是某种角色，是观众、刹车踏板、用来擦眼泪擦完就丢的卫生纸，或者是迁怒和转移注意力的对象，而我就在扮演这些角色时默默思索，开始怀疑婚姻的意义。

成长过程中除了少数非常亲近的人以外，很少人知道我对婚姻的印象如此悲观，因为我的原生家庭看起来很幸福，父母平日各司其职、假日全家出游，退休后他们总是一起喝咖啡、看电影。

我们并不是"典型的"不快乐的家庭，他们也不是"典型的"不快乐的夫妻，只是当争吵时，把平日快乐全盘推翻的程度和彻底否定对方的激烈言词，总是让我不知道哪一边才是事实。

无法向别人诉说也是一种困扰。因为无论从哪个角度看来，我们都是"没有问题"的家庭，问题总是出现在没有其他人看见的那一面，这让我也时刻怀疑，没有办法在家庭里感到放松，或许是我自己的问题。

我长大后在日本作家曾野绫子的书中看到，她因为从小看着父母感情不和睦，父亲在家是个暴君，在外却是一个深受敬重和喜爱的人，因此她总结说："世间的事情，往往和表面看起来不一样。"

过去没有获得解答的困惑，会被带到新的关系里

在原生家庭的那段期间，我还是个孩子，就算逐渐长大，毕竟还是涉世未深，我不懂得什么叫做爱与恨是一体两面，**在一段关系里，爱与恨可能同时并存。**

所以，我当时其实很想知道，别人家也这样吗？可以在夜里像怪兽拆掉一栋房子那样摧毁一个家庭，然后到白天，这栋房子就又重新建立起来。

虽然人在家里但是我很容易紧张，总是时刻保持警觉，害怕在深夜突然传来争吵的声音。到现在我仍然对有人大声说话、大步向对方走去，隐约的咒骂或扭打的声音非常敏感，即使发生在小区，我也会立刻辨识出来，那不是一般日常生活的声音。

吵完架全家若无其事地吃饭时，我总是不知道该相信眼前的和平是真的而昨天是一场恶梦，还是应该告诉自己相反的才是现实，**现实就是人们为了共同生活，必须在摇摇欲坠的地基上建立看似安稳的房子。**

孩子和年轻人的世界观太过单纯，无法理解婚姻中这么复杂的关系，但是在观察父母婚姻、从中建立自己对婚姻的想象时，我们总是一半时间是孩子，另一半时间只是个年轻人。所以，我

感觉不到婚姻有任何吸引我的理由，只是选择不去相信他们说的"婚姻都是如此"，在心里对"或许会有例外"抱有希望，始终如一的是我向往和平。

我特别喜欢某些老夫妻分享的人生故事，他们年轻时并不轰轰烈烈，但随着时间过去，对彼此会有一份感谢，一种细水长流的温情。

以为每个家庭都一样，其实都是不一样的

那样的夫妻恰好就是我丈夫的爷爷奶奶，他成长过程中第一个看见的婚姻模式。

我第一次和丈夫的奶奶见面时，才交往一周，奶奶就握着我的手，跟我一起翻旧的家族相簿，对我絮絮叨叨地说爷爷是一个多么好的人，他们当时是亲友介绍结婚，爷爷看到她，没隔多久就来提亲。

结婚超过四十年，爷爷在前几年过世，她说起两人的夫妻生活还是那样怀念，"他真的是一个很好的人"这句话让我感动而且觉得不可思议，我难以相信这世界上真的有这样的夫妻，可以一辈子在一起还能彼此欣赏。

那跟我眼见的有太大的不同，我很快想到，那被爷爷奶奶教

养长大的丈夫（当时的男友），对于婚姻一定是比我乐观吧。

结婚的时候我的想法也是乐观的，因为交往十年，这个人没有对我生过气，我在当时的想法是：婚姻不吸引人，但跟这个人在一起很吸引我，我猜这也是多数女生会选择婚姻的理由。我感觉如果我想要一个安全的、不用害怕别人突然生气的地方，如果不是一辈子单身，把自己经营成一个家，好像就是这个人了。

我相信因为他，事情会有所不同。只是当时我虽然这样相信，婚后却变得无法相信了。甚至并没有什么明显的变化，不过是因为我们已经结婚，已婚这件事情，就足以唤醒我内在的恐惧。

理性上我知道人都会有生气和心情不好的时候，婚后我却无法接受对方生气，因为不管他生气的事情跟我有没有关系，都会让我有许多不好的联想。

我会急着妥协让步，装作没有意见只想保护自己，因为我害怕过去见证的事情重演，总是觉得在争吵时，人就会表现出最阴暗、最狠毒的样子，不管他们平常看起来多么深爱对方。

我把过去的生存之道唤了回来，像一只兔子一样反复地想要强调自己无害，麻痹自己的感受只想要赶快恢复和平，我会一再地强调"我怎么样都可以，只要不吵架就好"，而内心其实受到严重的伤害和打击。

每天，只要先生为了某件事情而流露不悦，我就会在夜里想象如何能够结束这段婚姻，因为我真的太害怕了。

我像发现新大陆那样发现自己内在的阴影如此强大，不管表面上看起来怎么样，在阴影下，我一直都是那个躲起来哭的孩子。

　　彼此信不信任其实是可以察觉得出来的，先生以为我愿意结婚，就是因为足够信任他，而我也一直这样以为。但是我不信任人，也不信任婚姻的这项事实，因为已婚而浮现出来。

　　婚后没多久我就开始擅自地解读他的行为，忍不住偷看他的手机，无法克制地想象他就像以前听父母说过的，"婚姻只是性的结合""是男人都会想要偷吃""人都是自私的""你等着看，看他以后会不会这样"。

　　父母或许出于好意的各种警告和说法，都在我脑海里盘旋不去，让我做了那些自己不喜欢的事，又为此感到沮丧不已。

　　我看见的并不是眼前这个人而是我对婚姻的印象，总是在独处的时候想我果然还是不应该结婚。小时候，害怕被父母的争吵波及的心情，让我面对这个人或者任何一个人，都无法相信对方不会伤害我。

　　那其实就是不相信爱，觉得自己如果不够好、惹人生气、不快乐时做不到忍受或说不出对方想听的话语，就会被伤害、被抛弃。

　　我的内在原来不是结婚时那个年轻爽朗的新娘，而像是一个孩子总是在担心如果自己做错事就会失去父母，看起来是自信的接受了丈夫的爱，心里想的却是："如果我不够好，他就不会爱我。"

我的深层恐惧因为进入婚姻而全部被揭开，结婚前只是隐约浮现的阴影，婚后我才真正明白了自己心中所想。婚姻这个山洞并不宽敞明亮，在那里，会有人被自己的过去、成长过程中经历的每一件事情，像鬼魅一样如影随形地纠缠。

真正的幸福，是感受到自己被接纳

如果不是下了决心和反覆的练习，像解剖一样思索自己内心的每一分感觉，我不会意识到自己正在创造危机，没有办法区分哪些是真正发生的事情，哪些是我内在的阴影。

必须庆幸的是丈夫跟我是截然不同的人，他不害怕冲突，对冲突也不像我这么悲观，我从小到大习惯了接受表面的和平，但他对虚伪不能忍耐，在我又想用麻痹自己来装作我对这件事情没有感觉时，他不会接受这种处置而是会明显地反弹。

他要求我把真心话说出来，哪怕是对他不满、抱怨、愤怒他都可以接受，而我质疑的就是这件事，因为我还记得那些自尊心奇高的人，绝对不会忍受一点点他们认为是羞辱的事情。但先生展现的自尊像是另一种我没有遇到过的类型，他宁可要真实，同时，不知道是对婚姻有信心还是对自己有信心，他总是告诉我问题可以解决——只要我说出来。

当我和丈夫针对生气、吵架等事情沟通的次数越来越多，累积了越来越多处理类似事情的经验，我们都看见了和过去不一样的自己和对方，就算我们交往快十年才结婚，婚后认识的彼此还是新的。

我发现原来他有这样的一面，比我所以为的更不畏战，而他看见的我也和别人看见的我不一样，很多人以为我是对自己有信心的人，所以待人温和不容易生气，而事实上我待人温和不计较，是因为我不信任别人控制情绪的能力。

就像阴影总是被太阳吸引，我无意识中选择的另一半，就是什么情绪都写在脸上，和我的压抑恰成互补。

我意识到跟这个人的关系无法被复制，因为我们有过的互动，坦诚自己的程度，和表现给别人的并不一样。在婚姻里我看见自己的脆弱，也看见自己能力的极限，很多我没有办法靠自己面对的真相，是这个人推着我去看见。

我们选择彼此背负，尽管有人会解释成这是为了和平相处而不得不做的某种义务，但我还是把这些解释成爱，因为单纯只是义务的夫妻关系，会让我联想起为了生存，而不得不勉强居住的危楼而感到害怕和痛苦。

自己还有多少真相旁人无法得知，对方却看在眼里，在戳破了恋爱时，彼此是天造地设的美好想象之后，我们都学习和真实的对方相处。有时候会觉得这种关系是负担，但是心上沉重的感受，其实也让人觉得踏实。

谎言总是轻飘飘的，而真相，对于说出口和听见的那一方而言，都是某种难以卸下的责任，但我们面对了彼此的真相。

在人的内心深处，不管经过美化的自己再怎么令人向往，还是会渴望这个真实的、不完美的自己能够被接纳，不是每段婚姻都能如此，也有婚姻只能维持着美好的表象，而内在是抗拒接纳彼此的两个人。但也因为这样，感觉到自己确实被对方接纳的时刻，会突然领悟到那就是婚姻的幸福，不管是短暂或恒常。

婚姻要运作良好可能有不变的真理吧，但是对我来说，真正把我们绑在一起的，并不只是两个人和谐分工的日常。而是那些如果不是因为结婚，根本不会发生的一次又一次的紧张和对话。因为那些冲突，我们认识了别人没有办法知道的对方和自己，所谓的夫妻生活并不是只多出一张结婚证书，而是以夫妻这种身份相处、共同生活的点滴。

我在婚姻里学习直视自己内心的阴影，有时也觉得是被婚姻这层关系逼迫，必须承认自己是个胆小、怯懦、随时都想要逃跑的人，看起来像是拥抱这层关系的，其实最为恐惧这层关系。但是当我投入越来越深，看见越来越多自己内心的真相时，也逐渐明白为什么有人会说，要拥抱自己内心的脆弱，而不是转身逃离。

因为那些没有治好的伤其实是走到哪里就跟到哪里，虽然可以自欺欺人地说自己已经切断和过去阴影的联系，事实上阴影是人内心的一部分，只有接受与不接受，没有彻底的断绝或分离。

在这个越来越崇尚个人自由，也让人越来越质疑婚姻意义的时代，婚姻这个不完美、尤其对女性有诸多不利的制度，因为预设了和另一个人非常紧密的关系，而让投身其中的人，有近距离检视自己人生的可能。

回头去看，觉得自己一定还是渴望一个不同的家庭。一个所有人都可以放心哭泣、生气、说出自己真正的想法，而不必担心会不被接纳的地方，在自己不知道的时候，我对这个家庭的渴望还是凌驾了恐惧，让我和自己认为对的人走入礼堂。

承认自己内心有阴影，才会明白自己追寻的是什么样的光。虽然无法知道自己的方向是否正确，但是既然做出了选择，就努力走下去吧。

走进内心深处的黑暗，还有光亮。

|第 21 章|
有没有跟对方说过自己很幸福

人在被抱怨或者被指责时不会因此想要改善或做得更好，而会觉得对方难以取悦所以想收回自己所付出的。不断抱怨的一方就像不断批评孩子的父母，虽然那一方觉得自己只是"想要提醒对方做得更好"，却降低了对方想要做好的意愿。

几天前的一个晚上，孩子睡了，我正在手机上检查白天自己一个人在家时写好的稿子。

丈夫坐在我旁边，在玩手机游戏，转头看他又想起我一天的行程，我突然有感而发："我觉得自己真的很幸福。"

话说出口的时候还是有片刻的挣扎，就算这句话已经不是第一次说了，但是每一次想说出这句话时都可以感觉到，有什么东西似乎正试图要拉住我。

我清楚意识到它的阻碍，然后刻意地摆脱，把这句话说出来。

跟之前每次听到这句话的反应一样，丈夫先是愣了一下，然后微笑，手伸过来握了一下我的手，最后又回到手机游戏里。

我解释了一下为什么我会觉得幸福，主要是因为我过着在家自由撰稿的生活，可以不用通勤，免去办公室的勾心斗角和比赛加班的职场文化，虽然收入较低，但我拥有的是时间，对有小孩的妈妈来说时间何其珍贵，可以做自己想做的事，让自己在面对家人的时候，态度能够保持从容。

疲劳和压力都是让情绪容易爆炸的原因，很多时候让人神经断线的不是事情本身，而是身体因为不堪负荷而发出的警讯。我很幸运虽然经济并不宽裕，但还是可以选择比较适合自己的工作型态，而免于因疲劳和压力过大造成面对家人时无法拿出耐性的情形。

那应该是个人的选择，拿自己的职业生涯去冒险，但是在工作期间体会到的觉得自己累到随时会情绪失控的那种不安，内疚于无法用笑容回应有好多事想跟妈妈说的小孩，对我个人来说，比职涯中断的压力更难以承受。

而我因为现在的选择而感到幸福，我就这么跟丈夫说了。

说出口时的挣扎犹豫，我想，是因为总有一种声音在暗示我不应该让对方知道吧。

自己过得很好，对生活感到满意，对他的付出也心存感激，这一切，好像是不应该让对方知道的事。

会有这种感觉，可能是因为我从小看见的婚姻样貌，还是以彼此埋怨的居多，朋友之间似乎也不是只有我是如此，在脸书开始流行，无形中推动一种让人羡慕的秀恩爱文化之前，我们其实比较习惯看到伴侣彼此埋怨，好像亲密关系发展到最后，相知相惜是少数，不停地抱怨才是常态。

已经过得很好了还不知道感谢。

回到家也从来不帮忙做任何家务。

别人对他/她的好都当作理所当然……

看惯了婚姻生活就是报忧不报喜，在我心里不断累积，久了也沉淀出一个印象：所谓夫妻，就要不断埋怨彼此，把结婚照上两个人的幸福甜蜜，硬生生地变成一副讽刺的漫画。

很多都不是半开玩笑的埋怨，而是真实地觉得对方占了自己便宜，觉得在婚姻里是"自己在牺牲"，为了家庭自己已经非常努力付出，对方却从未感到满足。

不去检视那些具体细节的话，会发现人跟人之间的抱怨总是如出一辙，好像每个人都觉得自己付出较多、得到较少，好像这也是一种关系中的吊诡，两个人都在牺牲，却没有人因此感到幸福。

资深的已婚者总是会说"婚姻都是这样"，表面上和平而内在彼此嫌弃，暗自觉得自己值得"更好的婚姻生活"。会彼此感谢、没有外人在场时依然相视微笑的夫妻，好像是戏剧里才有的少数。

结婚时我们多半想着自己不会变成那个样子，想要结婚时感到幸福会持续到永远，却很奇怪地，总是觉得埋怨的话比较容易说出口，好像当年长辈对我们说那些话，只是想提醒孩子以后不要跟自己一样，却总是提醒的越多，结果越是同样的复制。

我在发现自己很难开口称赞丈夫时觉得很惊讶，因为恋爱的时候我们并不是这个样子，我对他有某种崇拜，觉得他比我坚强，特别喜欢那种拿得起放得下的感觉。

曾经有朋友向我转述，说他从另一个女性朋友那里听说，在我跟她一起出去玩的时候，我一直在说自己的男朋友对我多好，让我多么感动，而我竟然丝毫没有察觉自己一直秀恩爱，还自以为是低调的人。

可见人的行为总是和自己以为的不同，留给别人的印象更是

自己无法完全掌握，但这表示我不是向来喜欢埋怨另一半，婚后却好像总是有个警铃在大脑里，随时提醒我"不要把对方说得太好"，尤其是当着对方的面的时候。

当我觉得自己幸福而想要说出口时，就会想起听过无数次的伴侣的私下埋怨：都让他/她过得那么好了还不知足……

那给我的感觉是千万不要当面称赞对方，也不要赞美自己现在的生活，否则对方生气或吵架时就会理直气壮地说："都已经让你过得那么好了！"

我发现自己是在害怕落人口实，好像我要是现在说了，谢谢你让我过着自己想要的生活、谢谢你的协助和包容，就会让对方因为被赞美而得意忘形，也会让自己在还有别的要求时，会被说成"太过贪心"而失去立场。

只是有这种感觉时，我心里也开始怀疑，如果我开口也总是那些提醒对方、埋怨对方没做的事，跟那些没办法欣赏彼此、也从不向对方道谢的夫妻有什么不同呢？

埋怨彼此可能只是想找情绪的出口，但**没有人喜欢被批评或抱怨，或许我们都只是害怕自己受伤害，所以采取了和良好沟通背道而驰的对话方式：**只强调自己没有得到的部分，而视对方的付出为理所当然。

反省之后，我开始调整自己和对方说话的方式，逐渐发展出一套新的沟通原则：感到幸福时，当下就要说，而且最好是直接告诉对方。

一开始很不习惯，但是努力说出"觉得自己很幸福"的时候，总会看到对方微笑了。

心情不好的时候，睡不着也要去睡

相反地，如果对生活感到不满、不快乐，甚至是无法停止地感到自己"不幸"，那就先去睡一觉，隔天起来再说。

虽然隔天再说听起来有点像在翻旧账，但事实是通常起床后的隔天就会觉得事情没那么糟，我总是会在那时候恍然大悟。有时候不管自认为多洒脱豁达的人，依然就像钻牛角尖一样，是越想就越走不出来。

这种时候并不适合沟通，最适合的事情是睡觉，让自己身体休息，心情也随之平复，才能用冷静的、不意图伤害他人的态度讨论问题该怎么解决。

人会被当下的情绪所影响，放大对某件事情的观感和好恶，这是我在行为经济学家丹·艾瑞利的《谁说人是理性的》当中看到的。人其实不像自己以为或想象的那么理性，人总是受到当下的情绪或感受所操控。

书中有一段让我印象深刻的讨论，虽然已经不确定作者所举例的细节，但我做的笔记是，人会基于当下的情绪做出某个行为，但等到当下的情绪过了，就会忘记情绪在当中的作用。人总是认为"我当时会那么做，一定是有道理的。"所以就把当时的决定合理化，甚至把它变成一个习惯而延续下来。

举例来说，你可能在上了一天班，身体非常疲累的时候，看见家里一团乱，对于提早下班，却没有动手整理的伴侣感到非常恼怒。因此而不想回应对方的亲密，也不想来个晚安的吻就直接去睡，隔天虽然没有昨天那种情绪状态，但晚安的吻的习惯，却可能从此取消了。

我们通常不会记得自己因为身体劳累，所以情绪不佳的事情，也会缩小，甚至否认这件事情对决策的影响力，情绪会过去，当时的决定——取消晚安的吻，却可能延续下来。

因为我们总是认为自己所说的话、所做的决定都是有道理的，跟对方吵架是因为对方让我们"忍无可忍"，不跟对方亲密是因为"对方做错了某件事情"，但很有可能，我们是在这种事后的合理化过程中，缩小了自己情绪在其中发挥的作用，我们会忘记或否认自己其实可能并不理性，用事后搜集线索、填补空缺的方式来说服自己：事出必有因，而我一直都是一个很理性的人。

事情究竟有没有那么糟、自己有没有那么不快乐，会被当下的情绪漩涡不断放大，而一旦在当下说了什么或做了什么，总是否认自己会受情绪操控的人，事后就必须说服自己这么做很合理，让一个对关系有害、长久下来可能造成裂痕的相处方式变成习惯。

我在强调"人是非理性的"的行为经济学里，记下了这个重点并且加以警惕，**在感到不快乐或负面情绪袭来的时候不要做决定，否则到了事后，这个决定的影响还可能会持续下去。**

有趣的是我发现另一半其实是无意识地选择这个做法，虽然他也会有烦到当即就不给好脸色，说些气话让我跟着生气的时候，但更多时候他会选择不说话，听我把话说完就回房睡觉。虽然我就像大部分的女生那样，觉得"吵架不是应该先和好再去睡觉吗"？因为心情依旧烦闷而辗转难眠，但隔天一早总是无法否认，在睡了一觉，消除了疲惫和忘却了当下情绪之后，两个人都觉得这不是一件值得吵成那样的问题。

有些时候事情已经吵到一个状态，尤其是那些假设性的问题，是说什么都无法在当下取得共识或者挽回和谐，这时候分头去睡，也未尝不是让彼此分开冷静的方法。

因为只读了他一两本著作，我对丹·艾瑞利的行为经济学可能过度延伸，也不知道这样应用在自己的婚姻哲学里算不算切题，但对我自己确实很有帮助——**永远要记得，自己并不是自以为的那样理性。**

这种认识会让我们对自己的判断有所保留，在感到都是对方的错而自己很合理的同时，也会自我提醒要去思考"事情或许不是那样"，**每个人都有自己觉得站得住脚的地方，在婚姻里越是想要强调自己是对的，就越是可能全盘皆输。**

在感到不快乐或有所不满，甚至因为身心状况不佳，负面情绪扩大到觉得自己"不幸"的时候，我会先克制自己不说。久了，发现这确实对我的婚姻也很有帮助。

很奇怪，埋怨对方总是比赞对方美容易

有时候我难免会想："总是赞美对方，会不会让对方变得嚣张？"或者我会担心对方会因此变得吝于付出，但是我也会想："先不要想那么多，反正先赞美对方就对了！"能够这样想、这样做的时候，也会有一种轻松的感觉。

用教养来比喻虽然有点关系不平等，好像有种企图改变对方的暗示，但就像许多教养观念所强调的，赞美比责备更易于让人接受，因为被赞美而感到喜悦的一方，也比较容易产生想要做得更好的动力。

当然现在的教养学已经精细到连"该怎么赞美"都有一定的方法，有时看了觉得很累，那又是另外一回事了。

人与人的相处是互相的，埋怨只会带来更多的埋怨，当我说"觉得现在的生活很幸福"的时候，丈夫似乎也放下了被评价的压力而感到松一口气。

人在被抱怨或者被指责时不会因此想要改善或做得更好，而

会觉得对方难以取悦所以想收回自己所付出的。不断抱怨的一方就像不断批评孩子的父母，虽然那一方觉得自己只是"想要提醒对方做得更好"，却降低了对方想要做好的意愿。

在感到幸福的时候说出口，能让两个人一起感到幸福。在有了小孩，生活中的压力和考验只是越来越多的时候，可能更需要这种只是改变说话内容就能让彼此纾解压力，觉得自己"其实还不错"的神奇魔法。每件事情都"只说坏不说好"可能是我们透过家庭教育所传承下来的一种文化，但这种文化不管对于教养还是亲密关系，其实都只有不利的影响。

我一直觉得自己是个不自信的人，理由是从小到大，只有没做到和做得不够好的部分会被提出，考了九十五分会被问为什么不是满分，帮全家人叠好衣服之后，会被批评为什么没有帮每个人收进房间里。但是当我坦承觉得自己很糟的时候，父亲的反应是困惑不解。他觉得他一直很肯定我的表现，只是没有说而已。

没有说的事情却期待对方一直都知道，我想这种存在于亲子关系中常见的误解，让人觉得"自己总是不够好"的情境，应该也同样存在于亲密关系当中。

对夫妻双方来说，对方所做的事情，就好像理所当然那样不需要拿出来说，自己的心情好坏、对生活的满意与否，也是只有在负面情绪涌上，觉得不满意、有抱怨的时候才会想和对方说，但这样一来，谁会相信自己是能够给对方幸福的人呢？

总是说"你为什么不……"的人，应该会让对方觉得，既然不被满意，就证明这段婚姻确实是个错误吧。

如果不是真的有这样的想法，或者真的觉得无法忍耐某些事情而要向对方下最后通牒，指责和不满就不该是轻易说出口的事情，更不要说生活中有太多容易产生摩擦的琐事细节，常常都是先去睡一觉，起床后就会觉得根本没什么好吵的。

虽然修正从小到大看习惯了的互动模式并不容易，一开始每次要开口称赞另一半，表达对现有生活的满意和感谢时，都会有莫名的不安，但是想到自己一路看下来，不断抱怨彼此的夫妻，对婚姻生活的满意度也只是不断下滑，我就觉得人不应该被"夫妻都是这样"的刻板印象束缚，而是要去尝试做一些，自己会觉得是不是太过梦幻、太过理想化的事情。

希望结婚后也能像恋爱时那样，有彼此相视而笑的时光，你们可能会觉得这个想法太不切实际，但不去尝试，就永远不知道这个愿望能否达成。总之当我开始为了小事谢谢对方，觉得快乐时会让对方知道，不只是自己觉得生活满意度提高了，连另一半都开始被我传染。

他偶尔会看看我又看看孩子，然后很感叹地说"觉得很幸福"。这个之前从未出现过的举动，这个我们在自己的家庭新建立起来的习惯，让我也觉得很幸福。

|第 22 章|

在最亲密的人面前，时而是小孩，
时而是大人

不是永远、并非"总是"，但每个人都需要能够在某些时候，像个孩子那样被温柔地接纳，感受到自己的能力还不够，却被大人拥抱着安慰时的安全感和羞惭。

我们通常认为两个足够成熟的大人才能维系好亲密关系，但其实有时能够在另一半面前做个孩子，亲密关系才能够持续。

人在成长到一定年龄之后就会被要求"做个大人"，也会自我要求必须表现出坚强勇敢，像个大人的样子，但在这永远复杂、瞬息万变的世界里，其实我们时常感受到软弱和害怕，总是有些事情从未经历、无法掌握，这个其实不确定自己能否做好的心情不能轻易地表现出来，却会更渴望获得表达。

最近，我时常觉得自己是个永恒的新手，孩子不断地成长，不断有新的变化，而就在每一天接着从不同方向丢过来的球时，感觉到一种新手的紧张。那和工作可以在逐渐上手后变得得心应手的感觉是不同的，也有可能是我未曾担任主管级的职位，从未体验过什么叫做商场的瞬息万变，作为员工就是不断地听从指示，但是在家庭这个领域，妈妈始终是要带头做决定的那一个。

在有小孩前我时常询问先生的意见，有小孩后，我们的指导与学生的角色自动对换，出于本能或文化上后天的教养，妈妈总被认为是"比较懂孩子"的那个人。因此什么时候要做什么，该换什么样的奶粉尿布，什么状况要去看医生，一直到该用什么态度应对孩子……各种任务都会被期待扮演主要决策者的角色，但实际上也没有任何先前的经验作为后盾，总之，当我发现自己对母亲这个角色会一直都是新手、不断有新的状况要学习应对的时候，我也发现我这个新手在我最主要的工作场域——家庭，没有任何前辈可以仰赖而必须独挑大梁。

当然，我们这一代已经习惯在网络上不断更新育儿知识，长辈那二三十年前带孩子的经验，可能也不符合我们的需求了。

同时间，夫妻关系和其他家人之间的人际关系，也随着孩子的成长而不断变化，或许是孩子让我们对时间的推进变得敏感，孩子长大的同时，我们正在老化，而家里的父母长辈衰老的程度就更不用说了。

面对这些状况让我突然有所领悟，在人生的各个阶段面前，我们没有人是准备好的。孩子好像还没有准备好离开爸妈，就每天哭着被送进了幼儿园直到习惯，作为妈妈的我还没有准备好面对父母的年老，我于忙碌中抽时间去探望，看见他们在客厅打瞌睡，也会意识到他们真的老了。

想象他们扮演父母的角色三十多年，终于要轻松过退休生活时，才发现自己的体力和精神大不如前，那种对自己身体变化的陌生，一定也把他们从原本习惯的状态下推了出去，变成银发族里资历最浅的……

大家都用什么态度面对自己的新手身份呢？当新的考验接踵而来，能够承认自己其实感到害怕或慌张吗？如果身边有一个能够坦承说出自己的不安和害怕的对象，就算对方其实也不能为我们做些什么，那种有一个人陪伴在身边的感觉，一定还是比必须自己逞强来得好多了。

我又想到，有那么多人在问"结婚究竟是为了什么"，甚至我自己也会反复地自问，好像想要从结婚这件事情，挖掘出更多自己还不知道的意义。如果从"生活中重要的事情，自己一个人几乎都能做到"的角度来看，结婚确实是没什么意义，因为一个人可能会过得更好、更自由。

但就是在这种人生阶段转换的时候，或者是逐渐年老而迈入不由自主的阶段的时候，一个人，没有办法自己握住自己的手，没有办法让自己感觉到被"另外一个人"陪伴或关心。

虽然结婚也未必能够和另一个人建立这样的关系，有这样的关系也未必能够长久，但就从单纯的想要和某人在一起的这个角度出发，和另一个人一起度过人生各阶段的风风雨雨，就算生而为人，毕竟还是只能孤独地面对属于自己的考验，单纯的在物理空间上有另一个人存在，也是一种最低限度的分享和交流吧。

没有人天生就会，两个人一样笨拙

我小时候总认为变成"大人"之后就什么都懂了，等到自己也成为大人，才明白人生永远都有陌生的任务、不懂的事情，每个人都是在还没有准备好的情况下必须勇敢面对，因为自己肩负的责任，也会有"即使害怕也不能流露出来"的时候。

因为这样而更渴望身边的人懂得自己在面对未知时的紧张失措，在成为新手妈妈的第一年，曾经对什么都要问的先生感到生气，当时不是很懂自己为什么有这种感觉，现在懂了，因为我理智上知道两个人都一样是新手，但在心里，我还是渴望他能够扮演一个有经验者，在育儿这件事情上给我支持和建议，让我能够感到安全。

但他是新手爸爸所以更加仰赖妻子，我渴望有人分担照顾稚嫩婴儿的重责大任，害怕做错决定的那种惶恐，他不能理解而是凡事都要我做决定，那种理所当然的态度只是进一步加深我的不安，对于每件事情都要问我，让我感到压力沉重。

举个例子来说吧。孩子第一次发烧，我们听医生的诊断给了退烧药后，退烧几小时就又烧了上去。有人说必须让孩子烧一下才能杀死病毒，不断吃药退烧不是好事。也有人说高烧不退会导致热筋挛的发生，所以还是超过正常温度几度就需要赶紧设法退烧。当然也有人说如果这样就应该再去看一次医生，转去大医院急诊。总之，看着那么娇小的婴儿不断发着高热，我们做父母的急得像热锅上的蚂蚁，就算看完医生，读遍网络上过来人的经验，心里的不安还是无法消除。

"为什么会这样？不是应该要退烧了吗？要再给他喝一次退烧药吗？"

丈夫焦急地问我。而我也生气地回他："我怎么知道啊！"如果不是因为孩子的事情更让人挂心，两个人差点就为了双方越来越不好的口气吵起架来。

一样担心着孩子，也一样惊慌失措，我们都渴望有个人扮演那个安定军心的角色，在遇到这种第一次发生的事情时，能够用沉稳的语气说："放心吧，听我的……不会有事的。"

我们都把这样的期待投注到对方身上，又因为发现对方和自己一样毫无办法，反过来，对方对自己的要求更使自己感到压力增大和受挫。

到很后来丈夫才体会到，没有"天生的妈妈"这种事情，我们都是新手父母，彼此是一样的笨拙。比起互相要求再更可靠一点，还不如为彼此加油打气，用平等的态度互相商量。

我那时才意识到，**用人生阶段来区别一个人是否成熟是错误的，一个人真正的成熟总是在迈入那个阶段、经历过一些考验并且没有因此被打倒之后**。就像我只是自认为足够成熟了才决定结婚生子，真实的自己还是半个大人，感到害怕时就是个小孩。

经历过对彼此的失望，体会到对方并不是绝对的可以仰赖和依靠，我们的感情却在经历过一开始的低潮之后，却因为这样的认识而变得更好了。

因为我们互相照顾，知道了对方和自己一样，也一起面对人生阶段的改变。

我发现过往人们谈为什么跟另一半结婚的理由，包括我自己，结婚时认为选择这个人的原因，可能都不是能够支撑婚姻的真实支柱，虽然我们喜欢被对方称赞成熟，但**我们不是渴望被某个看见我们有多成熟稳重的人爱上，而是希望和某个人在一起的时候，能够时而是小孩，时而是大人。**

我们渴望的是真实的自己能被接受，即使想做好，还是会担心退缩的自己是否也能被接受，一旦如此我们就会想更努力做个大人，因为在对方面前，我们能够卸下"理想自我"的伪装，坦承自己在面对人生的时候，永远都是个没做好准备的孩子。

不敢或不能呈现出真实的一面会让人只能够伪装下去，而这种伪装总是会在对方表现不够好的时候引起情绪爆发，意思是我一直都那么努力戒掉孩子气、坏习惯、幼稚、隐藏自己的脆弱，而你却把你不够好的一面表现得那么坦率。**如果只有一方可以过得任性或表现脆弱，就会变成另一方单方面的负担，让人想念起单身时的自由。**

人生永远没有新的变化，最好的关系是互相扶持

有些人渴望在亲密关系里，一直像孩子那样被对方包容，这种心态对亲密关系是有杀伤力的，被要求做个"永恒的大人"的另一方，不是转向其他地方求取，就是发掘自我满足的方式。但

无论哪一种都会让双方的互相依赖变成单方面的索取，或者更精确地说，变成一个孩子在仰赖大人，而另一个人只能压抑自己。

上一次在对方面前哭得像个孩子是什么时候？对方是给你包容的拥抱还是指责你不够像个大人？相对地，对方像个孩子般脆弱的那一面你是否接受？对方做得不够好的时候你是否一味地指责？"都几岁了还这个样子……"这种想法固然有其正当性，却等于是用年龄否定了每个人都有被接纳和包容的需求。

从小到大我看过不少次大人流露出脆弱的样子，**奇怪的是能够对孩子诉说自己心碎或伤痛的大人，在面对亲密关系时反而是剑拔弩张的**，后来我才明白那是被"不能表现真实自我"的想法所束缚，两个人因为对彼此不够信任，所以害怕时不能坦承害怕、伤痛时不能坦承伤痛。

自己最像孩子的一面只能向孩子诉说，是因为不用担心会反过来被孩子伤害，换言之就是如果跟伴侣坦承的话，可能会变成被攻击或批判的理由。

我不是当事人无法知道这种互不信任的互动模式在什么时候形成，只能想象一定是有某一天，某个人坦承了自己的无助和脆弱，无论是不是伴随着因软弱而犯下的错误，总之，是被另一方以不留情面的方式否定并加以攻击。

不是永远、并非"总是"，但每个人都需要能够在"某些时候"，像个孩子那样被温柔地接纳，感受到自己的能力还不够，却被大人拥抱着安慰时的安全感和羞惭。

我们会以为理想的模式是一方比较成熟稳重，另一方可以安心的仰赖或跟从，但现实是：人生永远都会有新的变化，总是会有"两个人都没有准备好"的时候。

　　良好的亲密关系不是一套完美运转的模式而两个人优雅地各司其职，也不是一个永远资深的前辈在照顾经验不足的菜鸟，反而更像是两个半大不小的孩子在学习相互扶持，彼此都知道自己不是"理想中的大人"，所以能够彼此包容。

　　在对生活感到疲惫，或者对新的阶段感到害怕的时候，因为对方会跟自己一起努力的那份安全感，虽然没有人是完美的依靠，但彼此都会尽力帮助对方的那份信心，会让人产生想要继续努力的勇气。

后　记

　　距离前一本书《成为母亲之后》，已经三年了，这段时间，我觉得自己有了很大的改变。在之前，我还觉得自己想做的事情因为成为母亲而受限，而现在的我，已经真心接受并且喜爱这个作为母亲的我了。我觉得自己成熟不少，不是每件事情都能做得很好的那种成熟，而是接受自己很多事情都尚在学习的事实，也对自己内心深处究竟想成为什么样的人有更多认识。

　　全职母亲的生活让人没有太多自己的时间，我却在仅剩的时间中更加清楚自己想要什么，那种感觉就像一个人如果拥有大笔的金钱，会什么都想要，不断观察别人拥有什么，一不小心就随波逐流。但是如果一个人在金钱上极为拮据，他就会想把钱花在刀刃上，换取自己最必要也最想要的事物。

　　时间就是我最宝贵的资产，胜过金钱。照顾孩子总是让人感到时光倏忽而过，只要还有一点余裕，我就想做自己想做的事。

　　在过去，或许是因为没有勇气拒绝，总是为了究竟该怎么做才能"让所有人都满意"而烦恼不已。但是有了小孩之后，硬着

236

头皮也必须排出人生的优先级，我并不觉得自己拥有被讨厌的勇气，但也已经开始学习接受自己力有未逮的事实。

尽力就好，人生不可能事事周全，人们总是觉得成功的女人就是事事兼顾，人人赞美，只有身在其中的人才知道，没有一件事情的完成不需要做出任何的牺牲。这牺牲不单纯只是时间、金钱、心力，还包括情感上的负荷，无论关系是亲密还是生疏，人总是必须因为想要做些什么，而和旁人产生各种情感和利益上的冲突。

以前的我只知道退一步让冲突消弭，实际上却引发更多冲突，现在的我学习承担"做自己"的压力，为了坚定目标，专注于自己觉得重要的事物。

成为母亲曾经让我觉得前途茫茫，我现在反而觉得是因为孩子，因为想把他养育成知道自己想要什么并且勇敢前行的人，不知不觉中，我也开始努力做一个那样的人了。

这么说来，成为妻子、母亲，女人的人生似乎总是会为了这些事情改变，并且为了关系的变化而痛苦困惑，但种种变化都会提供一个机会，让人重新检视自己。

我写下自己的思索，从来不是以一个专家的角色，只是分享自己对这些事情的感受，特别是作为女性，这个无论扮演什么角色，都会对身边的人有深刻影响的位置。

过去因为学的是社会学的关系，我不自觉就用理想中两性平等的追求，取代了两性仍活在不同框架下的真实世界，我前一本书谈母职时就一再提到，这样的落差让人寂寞，而这一本书谈婚姻，我想扩大到谈论一种不分性别的，人在亲密关系中互不理解，又因为各种内在的困境而无法向对方靠近所产生的不可避免的孤独。

我的结婚年龄并不算长，而人生是在不断地向前推进，我相信再过几年回头看，心境又会有所不同。只能说写作永远是阶段性的纪录，我以"这是现在的我"的心情，克服自己是不是"资历太浅"而还不应该写此题目的心理障碍，鼓起勇气与读者分享。

最后，想藉此机会谢谢从第一本书以来，就一直在粉丝团和我对话，陪我走过这个阶段的读者。也谢谢出版社给我出版第二本书的机会，人生中有太多事情取决于缘分，而我想认真做自己能做的事情，以表达我对这些缘份的珍惜。

羽茜